• 이 책에서 다루는 직업 •

작가 ── 시인
     ── 소설가
     ── 극작가
     ── 수필가
     ── 평론가
     ── 시나리오 작가
     ── 방송 작가
     ── 웹 작가

출판인 ── 발행인
      ── 편집자
      ── 북 디자이너
      ── 출판 마케터

서적상 ── 서점인
      ── 유통인

인쇄업자 ── 인쇄기능사
       ── 디지털인쇄산업기사
       ── 인쇄설계기사

널리 알리는 직업 I
작가·출판 관련 직업

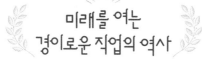

미래를 여는
경이로운 직업의 역사

널리
알리는
직업 I

작가·출판 관련 직업

박민규 지음

내가 정말로 원하는 직업은 무엇일까?

'선생님'이 되어 아이들을 가르치고 싶은 사람도 있고, '의사'가 되어 아픈 사람을 치료해 주고 싶은 사람도 있고, '경찰관'이 되어 범죄를 저지른 사람을 잡고 사람들을 돕고 싶은 사람도 있을 것입니다. 선생님, 의사, 경찰관이 '된다'는 것은 바로 선생님, 의사, 경찰관이라는 '직업을 가진다'는 의미입니다.

우리는 저마다 자신의 희망, 적성, 능력에 따라 직업을 가집니다. 직업이란 사람이 경제적 보상을 받으면서 자발적으로 하는 지속적인 활동입니다. 직업을 가지게 되면 기본적인 경제생활을 할 수 있는 소득을 얻고, 사회 발전에 이바지할 수도 있고, 무엇보다도 자기가 가지고 있는 꿈을 실현할 수 있습니다. 그래서 한 사람이 살아가기 위해서는 '직업'을 가지는 것이 매우 중요합니다.

직업을 가지려면 먼저 그 직업이 하는 일은 무엇이며, 그 일을 잘하기 위해서는 어떤 능력이 필요하고, 사회에서 하는 역할이 무엇인지 아는 것이 중요합니다. 그래야 자신의 꿈을 이룰 수 있는 직업을 선택하고, 그 직업에 필요한 능력을 미리 갖출 수 있기 때문입니다.

2021년 기준 한국에는 약 1만 7천여 개의 직업이 있고, 해마다 새로운 직업이 생겨나고 있습니다. 수많은 직업 중에서도 특히 많은 사람이 관심을 갖는 직업들이 있습니다. 우리는 이 직업들이 처음에 어떻게 생겨났고, 시대의 변화에 따라 바뀐 점과 바뀌지 않은 점이 무엇인지 살펴볼 것입니다. 달라진 점을 살펴보면 그 직업이 앞으로 어떻게 변해 갈지를 예측해 볼 수 있습니다. 또한, 달라지지 않은 점을 바탕으로 그 직업의 진정한 의미와 가치를 찾아낼 수 있을 것입니다.

이 책이 여러분에게 '내가 정말로 원하는 직업이 무엇인지' 생각해 보고, 미래를 준비하는 데 도움이 되기를 바랍니다.

책을 만드는 사람들

책은 예로부터 생각을 전하는 도구였습니다. 새로운 사상, 학문, 문화와 예술을 글로 적어 묶은 책에는 인류가 쌓은 지식이 담겨 있습니다. 문자를 사용하면서부터 인류는 책을 만들어 널리 퍼트렸습니다. 처음에는 일일이 손으로 베껴 썼지만, 인쇄술이 발전하면서 책을 싼값에 대량으로 만들 수 있었습니다. 이전까지는 일부 계층만 볼 수 있었던 책을 누구나 볼 수 있게 되었지요. 사람들은 책을 읽고 배운 내용으로 더 좋은 세상을 만들고자 노력했습니다.

한 권의 책이 독자에게 도달하는 데까지는 여러 사람의 힘이 필요합니다. 우선 책의 내용을 채우는 '작가'*가 있습니다. 작가는 정보나 생각, 주장을 전달하기 위해 혹은 자신이 창작한 이야기를 여러 사람과 공유하기 위해 글을 씁니다.

---

* 문학, 미술, 음악 등의 분야에서 무엇인가를 만들어 내는 사람은 모두 '작가'라고 부르지만, 이 책에서는 글을 쓰는 사람에 한정한다.

'출판인'은 작가가 쓴 원고를 검토한 후 책으로 만들기에 적합하면 작가와 계약하여 책으로 만듭니다. 편집자는 원고를 책의 목적에 맞게, 독자가 읽기 좋게 구성하고 편집하며 잘못된 내용이나 오탈자는 없는지 꼼꼼히 확인합니다. 디자이너는 한 권의 책을 구성하는 표지와 본문 구석구석을 디자인합니다.

편집이 끝난 원고는 인쇄소로 넘겨져 '인쇄업자'가 수백에서 수천 부씩 여러 권 인쇄하고, 제본 등을 거쳐 책으로 만들어집니다. 완성된 책은 '서적상'이 넘겨받고, 여러 경로를 통해 독자의 손에 도달합니다. 이렇게 한 권의 책을 만들어서 독자에게 전하는 일을 하는 여러 직업을 살펴보겠습니다.

시간이 흐르면서 여러 직업의 겉으로 드러나는 모습이 어떻게 달라지는지, 하는 일의 본래 의미가 무엇인지, 변한 것은 무엇이고 변하지 않는 것은 무엇인지, 인류 발전에 어떻게 이바지했는지를 이해한다면, 직업을 지금까지와는 다른 시각에서 볼 수 있을 것입니다. 또한 현재와 미래를 살펴 그 직업에 필요한 자질이 무엇인지, 어떤 준비를 해야 하는지, 앞으로 어떤 발전 가능성이 있는지도 알 수 있을 것입니다.

무엇보다도 책을 읽는 청소년들이 직업의 본래 의미를 이해해서 앞으로 어떤 직업을 선택하든지 자기가 하는 일에 보람을 느끼고 즐겁게 살아가기를 기대합니다.

책이란 무엇일까?

표준국어대사전에 따르면 책이란 '일정한 목적, 내용, 체재에 맞추어 사상, 감정, 지식 따위를 글이나 그림으로 표현하여 적거나 인쇄하여 묶어 놓은 것'이다. 책을 만드는 사람들은 '읽는 사람', 즉 '독자'에게 전달하고 싶은 것을 책에 담는다.

인류는 기원전 3천여 년 전부터 점토판, 갑골, 금속 등에 문자를 기록했다. 초기에 기록한 것은 신관이 제사를 지내면서 신으로부터 받은 계시나 왕의 명령, 상거래 계약 등 다른 사람들에게 함부로 공개할 수 없는 것이었다. 이것들은 신전이나 왕궁에 보관하며 아무나 볼 수 없도록 관리하였기에 일반 대중을 상대로 한 책과는 다르다.

이후 문명과 기술이 발전하면서 대중이 읽을 수 있는 책이 등장했다. 나일강 유역에서는 책을 만드는 데 갈대인 파피루스를 이용했고, 양이나 소 등 짐승의 가죽을 이용한 곳도 있었으며, 가늘게 자른 나무 조각이나 비단 천 등으로도 책을 만들었다.

'책'이라는 이름도 재료와 관계가 깊다. 라틴어로 책은 '리베르(liber)'인데 '나무의 속껍질'이라는 뜻이 있다. 영어로 책은 '북(book)'인데 옛말로는 boc이며, 이는 '너도밤나무'와 어원이 같다. 그리스어로 책은 '비블리온(biblion)'이며, 파피루스에서 생겨난 단어이다. 한자 책(冊) 자는 가늘게 자른 대나무 쪽에 글을 쓰고 가죽 끈으로 묶은 모양을 본떴다.

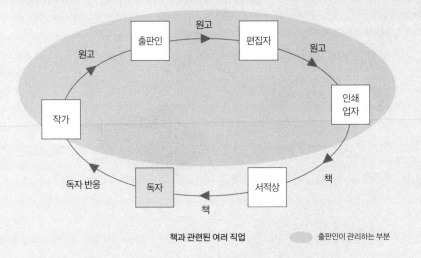

책과 관련된 여러 직업   출판인이 관리하는 부분

• 차례 •

3부 문자나 그림을 대량으로 기록하는 인쇄업자

1부

글을 쓰는 작가

작가의
탄생과 변화

'작가'는 문학 작품, 사진, 그림, 조각 따위의 예술품을 창작하는 사람이다. 이 책에서는 '작가'를 글을 쓰는 사람으로 한정한다. 고대부터 인류는 많은 글을 지어냈다. 고대 서양에서는 비록 글을 짓는 것으로 생계를 유지할 수는 없었지만 마음에 드는 글을 짓는 작가에게 경제적인 지원을 하는 후원자들이 있었다. 고대 동양에서는 역사와 종교를 기록하던 지식인 계층을 중심으로 배움을 널리 알리고자 글을 지었다. 입으로 전해지던 이야기와 아름다운 시조 또한 여럿 지어졌다.

고대 그리스와 로마의 작가

고대 그리스에 독창적인 저작과 작가가 등장하다

고대에도 꽤 많은 책이 발간되었다. 그렇지만 이 책들은 한 사람이 지은 것이라기보다 대대로 전해져 오는 사회와 집단의 지혜를 담은 이야기를 정리한 것이거나, 신을 모시는 사제가 종교와 관련된 지식과 전통을 수집하고 기록한 것이었다. 그중 하나가 유대인의 종교적 규칙, 전통, 관습, 의식 등을 엮어낸 『히브리 성경(구약)』이다. 이처럼 종교와 관련된 교훈을 전하는 책은 신의 목소리를 담은 것이기에 굳이 말하자면 이 책의 저자는 '신'이라고 할 수 있다.

메소포타미아, 이집트, 인도, 중국 등 고대 문명의 중심지에서는 수학, 천문학, 의학 등 전문 지식을 담은 책도 발간되었다. 그러나 이 책들 역시 그때까지 전해진 지식을 모아 정리한 것일 뿐 체계적인 연구로 얻은 새로운 지식을 담은 것은 아니었다. 당시 개인이 지은 것이라고 할 수 있는 것은 '편지' 정도다. 지식수준이 높고, 글을 쓸 수 있었던 사제는 왕이나 중요한 권력자에게 정치를 비판하는 내용의 편지를 보내기도 했다. 물론 이때도 '개인 의견'이 아니라 '신의 뜻'임을 분명히 했다.

기원전 8세기경 그리스 지역에 '폴리스'라는 도시 국가가 등장했다. 폴리스는 인구가 5천 명을 넘지 못하는 작은 국가였지만 독립적이며, 자유로운 시민의 권리가 어느 정도 보장되었다. 수공업의 발달과 다른 지역과의 활발한 교역으로 부유해진 폴리스에서는 문화, 예술, 학문이 발전했다. 아테네를 중심으로 활동하던 역사학자, 철학자, 시인, 극작가들은 자신의 이름으로 시, 희곡, 역사, 철학, 신학 작품을 발표했다.

당시 작가는 세 종류였다. 우선 원래 부유한 가문이나 귀족 출신이어서 생계유지를 위해 다른 일을 할 필요가 없는 작가가 있었다. 이들은 마음대로 자기가 원하는 작품을 쓸 수 있었다. 문학과 예술, 학문을 사랑하는 부유층의 경제적 지원을 받아 글을 쓰는 작가가 있었고, 가난에 시달리며 제대로 먹고 살기도 힘들지만 타고난 재능으로 글쓰기만을 계속하는 작가도 있었다.

후원자를 두고 글을 쓰는 작가가 가장 많았는데, 고대 그리스의 유명한 철학자 아리스토텔레스도 알렉산더 대왕의 후원을 받았다. 반

서정시를 쓴 사포

사포(기원전 630~기원전 570)는 고대 그리스 여성 시인이다. 뛰어난 시를 써서 가장 위대한 서정시인으로 이름을 남겼다. 그녀를 10번째 뮤즈(음악과 시를 관장하는 아홉 여신)라고 부르기도 한다. 사포가 쓴 시는 대부분 없어졌지만, 미의 여신인 아프로디테에게 바치는 찬가와 시 몇 편이 전해진다. 다른 고대 작가도 그녀가 쓴 시에서 영감을 받았고 많은 이들이 사포를 존경했다.

폼페이에서 발견된 사포의 프레스코화

면 또 다른 유명한 철학자 소크라테스는 자신을 후원하고 싶다고 한 후원자들도 거부했다. 소크라테스는 다른 사람으로부터 도움을 받게 되면 도움을 준 사람의 편을 들게 되어 중요한 사안에 관해 공정하고 자유롭게 자신의 의견을 펼치지 못한다고 생각했다.

작가에게는 왜 후원자가 필요했을까?

인쇄술이 발명되기 전에는 손으로 한 글자씩 베껴서 책을 만들었다. 그래서 책 한 권을 만드는 데 드는 시간과 비용이 엄청났다. 한꺼번에 여러 권을 만들 수 없고 책값도 매우 비싸 책은 아무나 살 수 없었다. 게다가 '저작권'*이라는 개념도 없어서 누구나 마음대로 책을 베껴서 팔 수 있었다. 책을 팔아서 버는 돈은 대부분 출판업자와 상인이 가져갔다. 작가는 아무리 좋은 책을 써도, 아무리 많은 책을 써도 돈을 벌기 힘들었다.

당시 학문과 문화의 중심이었던 알렉산드리아 도서관에는 작가들에게 일정한 보수를 주고 그들이 연구나 저술 활동에 전념하도록 돕는 제도가 있었지만 이 혜택을 받는 사람도 많지 않았다. 게다가 작가를 별일 하지 않고 돈을 받는 기생충이라고 생각하는 사람들도 많았다. 이런 이유로 고대 그리스·로마 시대의 작가는 부유한 후원자의 경제적 도움을 받지 않으면 생활하기 힘들었다.

작가를 후원한 유명인

고대 이집트를 통치했던 프톨레마이오스 2세는 알렉산드리아 도서관과 수많은 학자, 시인, 예술가를 지원한 가장 큰 후원자였다. 그리스의 지배층은 돈을 받고 그들을 찬양하는 시를 쓰는 시인들에게 둘러싸여서 유명한 작가의 후원자가 되려고 경쟁을 벌이기도 했다.

그리스 남쪽 섬 사모스를 다스리던 폴리크라테스는 훗날 알렉산드리아의 학자들이 뛰어나다고 평가한 그리스 아홉 서정 시인에도 꼽

---

* 문학, 예술, 학술에 속하는 창작물에 대하여 저작자나 그 권리 승계인이 행사하는 권리. 저작자의 생존 기간 및 사후 70년간 유지된다.

히는 아나크레온과 이뷔코스를 후원했다. 궁에서 왕이나 군주와 함께 생활하는 시인도 있었고, 아테네는 국가의 공금으로 작가를 정기적으로 후원하기도 했다.

알렉산드리아 박물관에 있는 프톨레마이오스 2세
(카포디몬테 박물관)

대중의 지지를 받아야 하는 로마의 정치가와 황제는 인기가 많은 작가를 후원함으로써 명성을 얻으려 했다. 율리우스 카이사르의 뒤를 이어 로마를 다스린 아우구스투스 황제는 자신을 지지하고 찬양하는 작가를 적극적으로 정치에 이용했다. 아우구스투스 황제를 옆에서 도왔던 로마의 정치가이자 외교관인 '가이우스 마이케나스'는 '호라티우스'나 '베르길리우스' 같은 당대의 유명한 시인을 적극적으로 후원했고, 이 시인들은 아우구스투스 황제의 통치를 찬양하는 시를 썼다. 마이케나스는 그 외에도 아우구스투스의 정책을 지지하는 글을 쓰는 사람들을 후원했다. 당시 작가들은 마이케나스의 눈에 들기 위해 자발적으로 아우구스투스를 찬양하는 글을 써서 발표하기도 했다. 마이케나스는 역사상 손꼽히는 문화와

마이케나스의 연회실(스테판 바칼로비치)

예술의 후원자였다. 요즈음 기업에서 문화와 예술을 지원하는 활동
을 '메세나Mecenat'라고 부르는데, 그의 이름을 딴 것이다.

그리스와 로마에서 작가와 후원자의 관계

그리스와 로마 두 나라 모두에서 작가에게 후원자는 뗄 수 없는 중
요한 존재였지만 그 관계는 나라마다 조금 달랐다. 그리스에서는 글
을 쓰는 작업을 아주 고귀하게 여겼고, 가장 현명한 사람이 하는 일이
라고 생각했다. 그래서 작가는 후원자로부터 경제적인 도움을 받기
는 했지만, 상당히 독립적이어서 후원자가 바라는 것과 다른 글도 마
음껏 썼다.

하지만 로마인은 그리스인보다 현실적이고 정치적이었다. 로마에

서는 작가를 실천보다 생각만 앞세우는 게으른 몽상가로 취급하며 그리 대단한 존재로 여기지 않았다. 작가는 후원자의 마음에 들기 위해 후원자의 지혜, 명예, 용기 등을 찬양하는 글을 썼다. 작가가 후원자를 비난하는 일은 없었다.

그런 분위기에서도 당대 가장 뛰어난 작가는 후원자로부터 거리를 둘 수 있었다. 로마를 대표하는 시인 호라티우스는 아우구스투스 황제의 후원을 받으면서도 그를 찬양하는 글을 쓰지 않았으며, "나의 독립성과 고요함을 아라비아의 부유함과도 바꾸지 않겠다"라고 이야기했다.

후원자가 없는 작가들은 어떻게 활동했을까?

작가 대부분은 후원자를 구하지 못했다. 후원자가 없는 작가는 돈을 벌기 위해 자기 책을 팔기도 했지만 이런 행동은 명예롭지 못하다고 여겨졌으며, 실제로 한두 명을 빼고는 성공하지도 못했다. 로마의 정치인이자 작가였던 키케로는 자기 글을 팔아 돈을 번 몇 안 되는 작가였다. 호라티우스도 젊어서 자기 시집을 팔기 위해 로마에 왔지만 실패했다. 책이 많이 팔려도 돈을 버는 사람은 작가가 아니라 출판업자와 서적상이었다. 작가는 정기적으로 자기 작품을 출판업자에게 팔거나, 노래 가사를 지어주고 돈을 벌었다. 여러 도시에서 열리는 글짓기 대회(백일장)에 참가해서 상금을 노리기도 했다. 먹고 살기 위해서 상인, 장인, 필경사 등 다른 직업을 가지고 일종의 취미나 보조 직업으로 책을 쓰는 작가가 많았다.

때때로 책을 쓰는 것이 직업을 얻는 데 도움을 주기도 했다. 예를 들어 사람들에게 설득력 있게 말을 하거나 글을 쓰는 방법을 알려주는 수사법 책을 쓰면 수사법 교사가 되는 데 도움이 되었다.

작가 중 가장 큰돈을 버는 사람은 연극 공연의 기본이 되는 '대본'을 쓰는 극작가였다. 당시 연극은 가장 인기 있는 오락거리였고, 새로운 연극이 공연되면 사람들이 몰려들었다.

가면을 들고 앉아 있는 고대 그리스 아테네의 시인이자 극작가 메난드로스 (프린스턴 미술관)

욕심이 지나쳤던 시인, 프리스쿠스

로마의 2대 황제 티베리우스의 아들 게르마니쿠스는 뛰어난 군인이었다. 그는 반란을 진압하고 로마 영토를 넓혔지만 갑작스러운 사고로 젊은 나이에 세상을 떠났다. 시인 프리스쿠스(기원전 20~21)는 게르마니쿠스의 죽음을 애도하는 시를 써서 크게 이름을 떨쳤다.

어느 날 황제의 다른 아들 드루수스가 큰 병에 걸렸다. 프리스쿠스는 다시 한번 이름을 날릴 기회라고 생각하여 드루수스의 죽음을 애도하는 시를 미리 써 두었다. 프리스쿠스의 애도시는 드루수스가 죽기 전에 세상에 알려졌지만, 드루수스는 병에서 회복하여 건강을 되찾았다. 프리스쿠스의 시에 화가 난 로마 원로원은 시인을 반역죄로 사형에 처했다.

로마 말기, 후원 제도가 쇠퇴하다

로마 제국 말기에는 문학 작품이 정부의 정책이나 사상에 어긋나지는 않은가 확인하는 '검열'이 늘어났고, 문학은 인기를 잃어갔다. 작가의 가장 큰 후원자였던 황실도 사치와 향락에 빠져 문화와 예술을 점점 멀리했다. 후원자들은 시인보다는 잔치에서 춤을 추는 무희에게 선물을 보냈다. 이제 작가는 사회적으로 별 가치가 없는 존재로 여겨졌다.

고대 중국의 작가

고대 중국에 책이 보급되기까지

중국 상나라에서는 국가의 중요한 일을 하늘에 물어보고, 그 결과를 거북의 등껍질(갑, 甲)이나 동물 뼈(골, 骨)에 기록했다. 또한 청동판이나 솥 표면에 왕이 내린 명령이나 상과 벌을 준 기록 등을 새겼다(금문). 그러나 이것들은 깊숙한 곳에 보관해 두고 함부로 보여주지 않았기에 '책'이라 할 수는 없다. 이후 옛 성현의 말씀을 정리해 얇게 자른 대나무나 나무 조각에 써서 묶은 책(죽간)이 등장했으나 주로 국가에서 보관하고 허락받은 사람만 볼 수 있었다.

상나라 후기 갑골문

본격적으로 사람들이 책을 읽을 수 있게 된 것은 기원전 8세기 무렵인 춘추 전국 시대부터다. 이때에는 지배층이나 귀족이 아닌데도 학문을 연구하고 가르친 사람들이 나타났다. 대나무 조각을 묶은 책의 가죽 끈이 세 번이나 끊어질 정도로 책을 열심히 읽었다는 공자가 대표적인 인물이다.

기원전 300년경 고전 시 주석 일부를 기록한 죽간 (상하이 박물관)

책을 쓰는 고대 중국 사람들

사람들에게 오늘날까지 읽히는 『논어』와 같은 중국의 고전이 이 시대에 편찬되었다. 『논어』는 한 사람이 쓴 것이라기보다는 스승인 공자의 말씀을 제자들이 모아 오랜 시간에 걸쳐 내용을 검토하고 고쳐 쓴 것이다.

시간이 지나자 자신의 이름을 내걸고 직접 책을 쓰는 작가도 등장했다. 유교 경전 중 하나인 『맹자』는 맹자가 직접 쓴 것인지는 확실하지 않지만 그 책을 펴내는 데 맹자 본인이 참여한 것으로 보인다. 전국시대 '우경'이라는 사람이 『우씨춘추』라는 책을 지었다는 기록이 『사기』에 나오기도 한다. 모든 사람을 사랑해야 한다고 주장한 묵자, 도가를 대표하는 장자, 실제 문제 해결을 중요하게 여긴 순자, 한비자 등의 사상을 다루는 경전 대부분이 이 시기에 나왔다. 진시황 때 승상을 지낸 '여불위'는 모든 사상과 철학을 모아 분석한 다음 『여씨춘추』라는 책으로 묶었다. 이 책을 쓰는 데는 수많은 학자가 참여했다.

노랫말 책

고대 사람이 부르던 노래 가사를 묶은 대표적인 책이 『시경』이다. 중국 여러 지역에서 부르던 민요, 잔치나 제사를 지낼 때 부르던 노래 등을 모았다. 공자가 제자를 교육하기 위해 편집했다 하나 확실하지는 않다. '시詩'라는 이름이 여기서 비롯되었다.

왕일(?~?)은 전국시대 초나라 시인이자 정치가였던 굴원이 쓴 시 「이소」, 「구가」를 비롯하여 다른 사람이 쓴 시, 자기가 직접 쓴 시를 모아 『초사』를 펴냈다. '초사'는 '초나라 시'라는 뜻으로 굴원이 쓴 시를 일컫는다. 현재 전하고 있는 가장 오래 된 판본은 왕일이 주석을 붙인 『초사장구』이다. 당시 사람들은 『초사』를 『시경』만큼이나 중요한 작품으로 여겼다. 굴원은 모함으로 관직에서 물러난 뒤 왕을 그리

청나라 건륭제가 손으로 쓴 『시경』 삽화판

위하다 강에 몸을 던져 죽었다고 한다. 후세 작가들은 굴원을 애국 시인으로 존경했다. 『초사』와 『시경』은 중국 문학에 큰 영향을 미쳤다.

고대 우리나라의 작가

고대 우리나라에서 전해진 글

우리말을 기록하는 문자가 없었던 고대 우리나라에서는 나라를 건
국한 시조 이야기, 제사를 지낼 때 부르던 노래, 덕이 높은 승려, 전쟁
에서 활약한 장군과 영웅의 이야기가 백성들의 입에서 입으로 전해
져 왔다.

기원전 2세기 무렵부터는 우리의 사상과 감정을 표현하는 도구로
중국의 '한자'를 이용하기 시작했으며 삼국시대에는 본격적으로 한
자로 기록을 남기고 책을 만들었다. 하지만 한자는 우리나라 고유의
문자가 아니었고, 배우기도 어려워 일부 지배층이나 지식인만이 읽
고 쓸 수 있었다. 입에서 입으로 전해진 이야기를 모아 책으로 남긴
사람도 지식인 관료이거나 불교 사원의 승려였다. 한자로 남겨진 글

은 사물에 관한 글, 정치적인 글, 시, 문학 작품, 개인 편지 등 다양했다.

개인이 직접 쓴 글을 모아 만든 책도 있었다. 중국에서 유학하고 돌아온 최치원(857~?)이 지은 『계원필경』이 그 예이다. 최치원은 이 책을 왕에게 바쳤다. 이 책은 지금도 당시 역사 연구에 중요한 자료로 쓰인다.

12세의 나이로 당나라에 건너가 과거에 급제하고, 관료 생활을 거쳐 28세에 신라로 돌아온 최치원

노랫말을 기록한 신라의 향가

신라 때부터 고려 초까지 사람들은 '향가'라는 노래를 불렀다. 향가는 백성들이 일하면서 부르거나, 나쁜 귀신이나 악운을 막기 위해 부르기도 했고, 세상을 떠난 이를 그리워하거나 종교적 기원을 담아 부르기도 했다. 왕족, 화랑, 승려 등 다양한 계층에 속한 사람이 향가를 지었고, 작가가 누군지 정확히 알려지지 않은 작품도 있다.

향가가 담긴 『균여전』(1075)
(한국민족문화대백과사전)

향가는 우리말을 그대로 표기하려고 한자의 음과 뜻을 사용한 '향찰'로 기록했는데, 『삼국유사』와 『균여전』에 실려 오늘날까지 전해진다. 『삼국유사』는 고려 시대의 승려 일연이 쓴, 고조선부터 후삼국 시대까지의 역사서다. 『균여전』은 고려 초기의 학자 혁련정이 승려 균여의 생애를 기록한 책으로 여기에는 균여가 쓴 「보현십원가」라는 향가 11수가 담겨있다.

전문적으로 글을 쓴 지식인 계층

중국으로부터 한자와 책을 받아들이며 한문을 해석하고 한자로 글을 짓는 전문가가 필요하게 되었다. 신라에는 타고난 신분(골품)에 따라 특권과 제약을 두는 제도인 골품제가 있었다. 골품은 성골, 진골, 육(6)두품에서 일(1)두품까지 여덟 층위로 나뉘었다. 육두품은 하급 귀족으로 최고 지배층은 될 수 없었지만, 한문을 읽고 쓰는 능력을 갖춰 나랏일을 하면서 글을 지었다.

10세기에 고려가 들어서면서 육두품 계층이 지배층으로 성장했다. 이들은 과거 제도를 만들어 인재를 등용했다. 이 때문에 한자로 글짓기가 크게 발전했다.

근대 이전의 작가

문명이 발전하며 작가들은 더욱 다양한 글을 쓰기 시작했다. 만드는 데 오랜 시간과 큰 비용이 드는 책은 신분이 높은 사람들이나 볼 수 있는 귀한 것이었다. 책은 서양에서는 주로 라틴어와 그리스어로 쓰였고, 동양에서는 주로 한자로 쓰였다. 그러나 종교개혁이 일어나고, 인쇄술이 발전하고, 문자가 발명되며 사람들은 자신들이 일상에서 사용하는 언어로 쓰인 책을 읽을 수 있게 되었다. 쓰는 사람도, 읽는 사람도 갈수록 늘었다.

중세 이후, 서양 작가

동로마 제국과 이슬람 지역의 작가

395년 로마 제국은 서로마 제국과 동로마 제국(비잔티움 제국)으로 나뉘었다. 서로마 제국은 476년 외부의 침략과 내부 분열로 멸망하고, 유럽은 몇 개의 왕국으로 나뉘었다. 서로마 제국의 멸망부터 이후 약 1000년간의 시기를 서양 역사에서는 '중세'라고 한다.

중세 초기, 지식과 학문은 수도사와 사제를 통해 전해졌다. 하지만 이들은 종교적 임무에 헌신하면서 주로 명상과 기도를 하며 시간을 보냈기 때문에 책을 쓰는 일은 하지 않았다. 어쩌다가 종교에 관한 글을 쓰기도 했지만, 전문 작가는 거의 없었다. 책을 쓰는 일은 동로마 제국과 이슬람 제국에서 활발하게 이루어졌다.

9~10세기 동로마 제국 황제들은 아우구스투스 시절의 작가 후원

시인에게 귀 기울이고 있는 알 마문

을 되살렸다. 황궁의 지원을 받는 궁전 학자와 시인은 많은 책을 펴내고 고위 관직에도 올랐다. 황제가 직접 책을 쓰기도 했다.

이슬람 지역에서는 여러 학문과 종교를 다루는 다양한 책이 나왔다. 사람들은 그리스·로마 시대의 책을 활발하게 번역하고 해석했다. 시인은 특히 존경받았는데, 이슬람 사회에서는 '단어'가 귀중한 보석이며, 단어를 꿰어 아름다운 장신구로 만든 것이 '시'라고 생각했기 때문이다. 당시 시인은 오늘날 아이돌처럼 인기가 많았다.

시인에 관한 이야기가 전설처럼 전해지고, 시인의 무덤을 성지처럼 참배하러 오는 순례자도 있었다. 시인과 작가는 궁정의 후원을 받으며 글을 썼고, 서적상은 이 글을 베껴 책으로 만들어서 대중에게 판매했다.

중세, 신념과 사명감으로 글을 쓴 작가

중세 말 유럽에서는 더욱 많은 책이 출간되기 시작했고, 문학 작가를 후원하는 왕이나 귀족도 등장했다. 인쇄술이 등장하기 전에 책은 만들기도 어렵고 값도 비쌌다. 글을 읽을 수 있는 사람도 별로 없었다. 책을 소유하고 읽을 수 있는 것은 귀족 계층뿐이었다.

글쓰기는 일종의 여가 활동이었으며 작가라는 직업은 사실상 없었다. 자기 이야기를 전하고 싶을 때는 '글'보다 '말'을 사용해야 할 때도 많았다. 글을 쓰는 사람은 후원자가 비용을 지원해줘야만 책을 펴낼 수 있었다. 책의 주제는 주로 통치자의 구미에 맞는 전설이나 역사 이야기였다.

후원자가 작가에게 주는 돈은 일정하지 않았고, 힘들게 책을 쓴 대가가 몇 푼 되지 않는 선물이 고작일 때도 많았다. 그러나 간혹 큰 저택을 선물로 받는 등 행운을 차지하는 작가도 있어 결국 많은 작가가 후원자에게 잘 보여서 환심을 사려고 알랑거렸다. 이런 식의 후원은 작가에게 경제적 안정을 주지는 못했지만, 군주나 귀족에게 저술의 중요성을 일깨워주고 작가들에게는 저술 의욕을 북돋웠다.

작가 대다수는 너그러운 후원자를 구하지 못했고 다만 글을 쓰는 것에 만족해야 했다. 이들은 교리를 널리 알리는 글을 쓰면 죽은 다

12세기 프랑스 시인 크레티앵 드 트루아, 중세 프랑스 문학의 궁정문학을 대표한다.

음 천국에 갈 것이라는 종교적 신념이나 젊은 세대를 가르친다는 사명감으로 계속 글을 썼다.

르네상스, 독립된 직업으로 발전하기 시작한 작가

14세기에는 상업과 교역이 발달하면서 도시가 정치, 사회, 문화의 중심지로 자리 잡았다. 삶에 여유가 생긴 사람들은 딱딱한 교회 규칙에 얽매이기보다는 자유로운 사상과 문화생활을 원했다. 사람들은 중세 천여 년 동안 숨죽이고 있던 고대 그리스와 로마의 고전 문화를 되살려냈다. 이 시기를 '르네상스'라고 한다.

르네상스 시대의 지식인은 수도원 책장에서 먼지를 뒤집어쓰고 잠들어 있던 고대 그리스와 로마의 고전을 꺼내 세상에 알렸다. 사람들은 문학, 예술, 신학, 정치 등 인간 사회의 모든 면에 관심을 가졌다. 글을 쓰는 사람을 후원하고자 하는 사람과 책을 읽고 이해할 수 있는 독자의 수도 늘어났다. 이에 따라 책을 쓰는 일은 독립된 직업으로 발전하기 시작했지만, 작가에게는 여전히 생계를 유지하기 위한 다른 돈벌이도 필요했다.

종교 개혁과 책 쓰기의 변화

중세 기독교와 교회는 세속의 권력과 돈에 관심을 갖고 농민을 착취하기도 했다. 이에 반발한 일부 성직자들이 로마 시대부터 이어진 기존 교회(구교, 혹은 가톨릭)에 반대하며 새로운 개신교회(신교, 혹은 프로테스탄트)를 만들었다. 이를 '종교 개혁'이라 하며 이 과정에서 유럽은 큰 변화를 맞이했다.

　종교 개혁은 글 쓰는 일에도 큰 변화를 일으켰다. 과거 사람들은 '그리스어'나 '라틴어'로 글을 써야 품위가 있다고 생각했다. 그래서 독일어, 프랑스어, 영어 등 각자 사용하는 언어가 있는데도 불구하고 그리스어나 라틴어로 된 책만 만들었다. 그러나 종교 개혁의 선구자 마르틴 루터(1483~1546)는 성경을 독일어로 번역했고, 독일어를 사용하는 사람들은 훨씬 쉽게 성경을 읽을 수 있었다. 그 결과 성경은 그리스어나 라틴어가 아닌 다양한 언어로 쓰이기 시작했다.

　인쇄술이 발전하며 책을 만들어내는 데 획기적인 변화를 가져왔다. 독일의 구텐베르크가 인쇄기를 발명하며 많은 양의 책을 한꺼번에 만들어 낼 수 있었다. 책값은 저렴해졌고 보통 사람들도 책을 살 수 있게 되었다. 책이 많이 팔리기 시작하자 책을 만드는 출판업자와 인쇄업자, 책을 파는

바르트부르크에서 성경을 독일어로 번역하는 마틴 루터

서적상이 본격적으로 사업을 벌였으며, 작가도 하나의 직업으로 자리 잡기 시작했다.

자립하는 작가들

모국어를 읽고 쓸 수 있는 사람이 늘어나자 그 언어로 문학 작품을 쓰는 작가도 등장했다. 이탈리아의 위대한 시인 단테(1265~1321)는 지옥과 연옥, 천국을 여행하는 서사시 『신곡』을 이탈리아 토스카나 지방의 방언(사투리)으로 썼다. 이탈리아 출신 시인이자 학자인 페트라르카(1304~1374)도 모국어인 이탈리아어로 훌륭한 작품을 썼고, 그의 절친한 친구인 보카치오(1313~1375)도 사랑에 관한 여러 작품을 남겼다. 영국 작가이자 정치가인 제프리 초서(1343?~1400)는 프랑스어와 라틴어가 주로 쓰이던 시기에 영어로 『캔터베리 이야기』라는 책을 썼다. 초서는 '영문학의 아버지' 또는 '영국 시의 아버지'라고 불린다.

단테의 『신곡』 초판 제목 페이지(1472)

작가들은 오래전부터 전해지던 전설, 기사의 무용담 등을 기반으로 자기만의 이야기를 만들어내기 시작했고, 후원자로부터 독립하는 작가도 늘어났다. 하지만 저작권을 보호하는 제도와 법률이 없어서 책이 한번 출판되면 누구나 그 책의 내용을 그대로 베껴서 판매할 수 있었다.

삽화가 들어간 『신곡』 첫 번째 인쇄판의 악마 루시퍼 삽화(1491)

종교 개혁으로 권위가 흔들리게 된 교회와 귀족들은 마음에 들지 않는 내용의 책을 쓰는 작가에게는 더 이상 후원하지 않았다. 또한 교회와 국가는 기존 질서와 권위에 도전하는 내용의 책을 출판하지 못하도록 감시했다. 이렇게 법으로 금지한 책을 '금서'*라고 하는데, 자신의 책이 금서가 되면 작가는 큰 피해를 보았다. 권력자들은 금서 제도로 작가를 협박하며 자기 마음에 드는 책을 쓰도록 강요했다.

영국 문학이 발전하다

16~17세기, 영국은 강력한 국력을 바탕으로 문화의 황금기를 누렸다. 당시 국왕 엘리자베스 1세의 이름을 따 '엘리자베스 시대'라 부르기도 한다. 이 시기 영국에는 윌리엄 셰익스피어(1564~1616)와

＊ 지동설을 주장한 코페르니쿠스와 갈릴레오의 책도 오랫동안 금서로 지정되어 있었다.

필립 시드니는 주트펜 전쟁에서 에스파냐군에게 중상을 입고도 바로 옆에 있던 빈사지경에 이른 한 병사에게 한모금의 물을 양보한 미담으로 유명하다.

같은 뛰어난 작가들이 등장했으며, 책을 읽는 독자도 많이 늘었다.

하지만 여전히 작가는 안정된 직업이 아니라서 글을 쓰는 사람들은 여러 직업을 병행했다. 월터 롤리는 시인이자 작가였지만 동시에 군인이자 탐험가로 이름을 날렸으며, 시인 필립 시드니는 군인으로 스페인과의 전쟁에 참전했다가 목숨을 잃었다. 귀족 출신이거나 상류층인 작가는 안정된 다른 직업을 가졌거나, 재산이 풍족해서 경제적 어려움 없이 남는 시간에 글을 썼다. 어떤 작가는 극장 주인이나 서적상과 계약해서 자기 작품을 판매하기도 했지만, 돈을 벌기 위해서라기보다는 유명해지고 싶어서였다. 형편이 어려운 작가는 가난에서 벗어나기 위해 필사적으로 자기를 후원해 줄 사람을 찾았으며, 조금이라도 후원을 받기 위해 서로 다투었다. 작가는 후

셰익스피어가 사망한 지 약 7년 후인 1623년 출판된 셰익스피어의 희곡 모음집. 지금까지 출판된 가장 영향력 있는 책 중 하나로 간주한다.

원을 받기 위한 경쟁이 심한 직업이었다.

변화하는 작가의 수입

　18세기에도 작가는 아직 제대로 된 직업이라고 하기 어려웠다. '아
는 것이 힘이다'라는 말로도 유명한 프랜시스 베이컨 같은 위대한 작
가도 법률가이자 정치가로 열심히 일했다. 학교가 늘어나면서 학교
교과서를 쓰는 일이 작가의 큰 수입원이 되었고, 출판업자나 인쇄업
자는 가난한 작가를 직원으로 고용하기도 했다.

여전히 후원에 의지하는 작가도 많았다. 프랑스 왕궁은 매년 유명한 작가에게 풍족한 돈을 지원했다. 하지만 이전과 달리 작가는 후원자의 비위를 맞추는 글을 쓰지 않았다. 장바티스트 포클랭, 통칭 '몰리에르'는 프랑스 궁정에서 후원받던 작가였지만 귀족과 왕족을 조롱하는 글을 쓰는 것으로 유명했다.

독서 모임의 발전, 여성 작가의 등장

18세기 이후 교육을 받아서 책을 읽고 내용을 이해할 수 있는 독자의 수가 늘어났고, 새로운 책도 많이 나왔다. 하지만 여전히 글을 읽지 못하는 사람은 많았다. 또 인쇄술의 발전으로 책값이 내렸다고는 하나 보통 사람이 사기에는 여전히 부담스러운 가격이었다. 그래서 책 한 권을 산 다음 여럿이 모인 자리에서 그 책을 한 사람이 소리 내서 읽어 주는 일이 흔했다. 학교에서 교사가 책을 사서 학생들에게 읽어 주기도 했고, 도서관이나 친구에게서 책을 빌려 자기가 필요한 부분을 손으로 베끼는 사람들도 있었다. 미국에서는 술과 음식을 파는 선술집에서 한 사람이 책 일부나 신문의 중요한 기사를 여러 사람에게 읽어 주었다.

작가를 후원하는 사람들끼리 책을 읽고 토론하는 모임도 생겨났다. 후원자는 유명 작가와 사람들을 저택이나 커다란 카페에 초청해서 작품을 주제로 토론도 하고, 다른 사람의 작품을 비판하기도 했다.

여성은 남성보다 교육받기 시작한 시기도 늦었고, 카페나 술집 등에 출입하기도 어려워서 그만큼 책을 접하기 어려웠다. 여성 작가는 17세기 이후에 본격적으로 등장했다. 몇몇 여성 작가는 남성 이름으로 책을 발표했는데, 출판사와 독자가 쉽게 받아들였기 때문이다. 하지만 18세기가 지나면서 본인 이름으로 책을 내서 성공하는 여성 작가도 늘어났다.

조지 엘리엇 또는 메리 앤 에번스

19세기 영국의 소설가, 시인, 비평가로 이름을 떨친 조지 엘리엇(George Eliot)은 뛰어난 작품을 다수 남겼으며, 소설 「미들마치」는 지금도 영국 역사상 가장 뛰어난 소설로 꼽히는 것은 물론, 세계 문학 역사상 가장 뛰어난 10개 작품에 선정되기도 했다(2007년, 「타임(Time)」). 그런데 '조지 엘리엇'은 가명이었으며, 그 정체는 메리 앤 에번스(Mary Anne Evans)라는 여성이었다. 이 작가가 활약하던 시기에는 이미

조지 엘리엇이란 이름으로 책을 낸 메리 앤 에번스

이름을 날린 여성 작가들이 많았기에 사람들은 그가 굳이 남성 이름을 사용한 이유를 궁금해 했다. 아마 자신의 작품이 당시 여성 작가들이 주로 쓰던 로맨스 소설과는 다르다는 점을 보이기 위해서, 또는 자신의 사생활을 보호하기 위해서가 아니었을까?

왕조 시대 중국의 작가

글쓰기가 필수 덕목이었던 중국의 지식인

유학 사상을 바탕으로 하는 중국의 지식인에게 글을 잘 쓰는 것은 필수 덕목이었다. 이들은 백성을 다스리는 '정치가'이면서, 학문을 연구하는 '학자'인 동시에 제자를 길러내는 '교육자'였다. 또한 자기 사상과 지식을 글로 쓰는 '문인', 즉 작가이기도 했다.

중국의 지식인들은 책을 쓰는 것을 영원히 변하지 않는 불후의 명성을 남기는 것으로 생각해서 어떤 일을 하든지 시를 짓고 글을 썼다. 그러나 글을 잘 써서 이름을 날린 정치가, 학자, 교육자가 있었을 뿐 '작가'는 없었다.

10세기 이후 송나라 때 시험으로 관리를 선발하는 '과거 제도'가 자리 잡았다. 과거 시험 합격은 출세의 지름길이었기에 형편이 되는 사

람은 모두 응시해서 경쟁이 치열
했다.

1598년 명나라 장원, 조병중의 시험지

시험 문제가 출제되는 『논어』,
『맹자』 등의 유학 경전은 수험생
이 반드시 배우고 익혀야 하는 기
본 교과서였다. 약삭빠른 상인들은 이전 합격자가 쓴 답안을 모아 팔
았는데, 특히 수석합격자인 '장원'이 쓴 답안지는 '장원부'라고 해서
인기가 높았다. 우수한 성적으로 합격한 사람들의 답안지를 모아 만

과거에 떨어지고 책을 만든 풍몽룡

풍몽룡(1574~1646)은 명나라 말기 작
가이자 편집자이다. 그는 젊어서부터
과거에 계속 떨어진 만년 낙제생이었
지만 소설 읽기를 즐겼으며, 평생 민간
소설, 희곡, 노래 등을 수집하고 체계
적으로 정리해서 책을 펴냈다. 남녀의

2015년에 발매된 우표에 그려진 풍몽룡

사랑 이야기도 담긴 『유세명언』 『경세통언』 『상세항언』과 같은 단편 소설집, 소설
『평요전』과 『열국지』를 다시 고친 『삼수 평요전』과 『신 열국지』 그리고 직접 쓴 작
품이 담긴 희곡집과 민간 노래를 모은 민요집 등을 발간했다. 풍몽룡은 포기하지
않고 과거 시험에 도전해 결국 57세의 나이에 합격하고 지방 수령 벼슬에 올랐다.

든 책이나 합격자 명단도 팔렸다.

　하지만 과거에 합격하기는 매우 어려워서 몇 년, 심지어 몇십 년 동안 공부해도 합격하지 못하는 사람이 더 많았다. 16세기가 되면 과거에 계속 떨어진 학생 중에서 글쓰기로 생계를 유지하는 사람이 생겨났다. 이들은 민간에 전해지던 이야기, 노래, 옛날 소설 등을 읽기 좋게 정리해서 책으로 내거나 때로는 직접 이야기를 지어내 팔았다.

백화문으로 쓴 소설이 유행하다

　명나라 때부터 민간에서 주로 사용하는 말(구어), '백화문'으로 쓴 소설이 널리 유행했다. 이전까지 책은 한문 실력이 뛰어난 유학자나 사대부들이 옛날 책에 나오는 문구를 이용해 썼기 때문에 보통 사람들은 이해하기 어려웠다. 그러나 일상어인 백화문으로 쓴 책은 모두가 쉽게 이해할 수 있었다.

　중세 유럽에서 모국어로 쓰인 책이 만들어지며 책을 읽는 사람이 많이 늘어난 것처럼, 중국에서도 백화문으로 쓰인 책이 만들어지며 책을 읽는 사람이 늘었다. 명나라의 『삼국지연의』, 『서유기』, 『수호지』, 『금병매』 그리고 이후 청나라의 『유림외사』, 『홍루몽』 등 백화문을 섞어 쓴 소설은 큰 인기를 끌었으며 지금까지도 널리 읽히고 있다. 『삼국지연의』의 작가 나관중, 『서유기』의 작가 오승은, 『수호지』의 작가 시내암 등은 후세에 이름을 전했지만, 이들의 생애와 활동은 자세히 전해지지 않는다.

지식인들은 백화문을 사용하고, 소설을 쓰고 읽는 것을 천박하고 부끄러운 일로 여겼다. 하지만 책을 쓰거나 편집하는 일은 과거 준비를 포기한 지식인들에게 중요한 일이었다. 이들은 전국적으로 모임을 만들어 서로 작품을 소개하고 비평했는데, 베스트셀러가 되려면 여기서 먼저 인정을 받아야 했다.

소설의 황금시대

청나라 때는 다양한 주제의 소설이 등장했다. 비평가 진성탄은 "천하의 문장이 『수호지』보다 뛰어난 것이 없다"라며 소설의 가치를 높이 매겼다. 당시 사람들에게 『장자』, 『이소』, 『사기』, 『두시』와 같은 고전 경전이나 시집과 함께 소설 『수호지』와 희곡집 『서상기』가 '여섯 가지 빼어난 작품(육재자서)'으로 여겨졌다. 그때까지 소설과 백화문을 낮춰 보던 중국 지식인들도 직접 소설을 쓰기 시작했다.

인쇄술이 발전하며 책값이 저렴해졌고, 소설은 더 널리 보급되

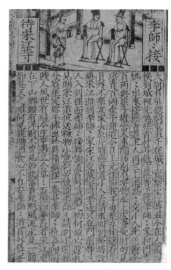

17세기 유럽으로 넘어간 『수호지』 일부

『요재지이』원본 발췌

었다. 옛 한문에서 쓰던 '문언체'로 쓴 소설도 나왔다. 포송령(1640~1715)이 쓴 『요재지이』는 사람으로 둔갑하는 여우, 요괴, 귀신 이야기를 문언체로 쓴 것인데, 워낙 재미있고 문장도 뛰어나 당시 지식인들 사이에서 큰 유행이었다.

남녀의 사랑을 그린 로맨스 소설, 원수를 갚고 정의를 실현하는 의협 소설, 사회 문제를 꼬집는 사회 소설 등 다양한 소설이 출판되었다. 『요재지이』의 포송령, 『유림외사』의 오경재, 『홍루몽』의 조첨과 같이 이름을 날리는 작가들도 탄생했다. 이들은 과거에 낙방하고 글쓰기나 가정교사로 생계를 유지하거나, 가난한 가운데 근근이 먹고 살면서 글을 썼다.

고려부터 조선 시대까지, 우리나라의 작가

과거 제도와 글쓰기

고려는 958년 광종 때부터 시험으로 관리를 선발하는 과거 제도를 시행했다. 보다 높은 관직의 관리가 되려면 글쓰기 실력을 평가하는 '제술과'와 유교 경전을 해석하는 '명경과'에 합격해야 했다. 명경과보다 제술과 합격자를 더 우대했기 때문에 관리로 출세하려면 반드시 글솜씨를 갖추어야 했다.

조선시대에도 과거 제도는 이어졌고, '문과' 출신이 '무과' 출신보다 더 대접받았다. 문과에 급제해서 관리가 되려면 오랫동안 유교 경전과 한문 글쓰기를 익혀야 했다. 고려와 조선시대의 작가들은 몇몇 승려를 제외하면 대부분 관리와 유학자였다.

한글 반포와 한글로 쓴 책의 등장

1443년 세종대왕은 우리글인 한글을 만들고 『훈민정음』을 써 세상에 알렸다. 한글은 처음에는 한자로 쓴 문장(한문)의 구절 끝에 붙여 뜻풀이를 도와주는 '토', 한문을 풀이하는 '석의', 한문 중간에 끼워 넣어 뜻을 명확히 하거나 읽기 쉽게 해 주는 '구결', 원문인 한자와 한글 번역을 함께 싣는 '언해'에 사용했다.

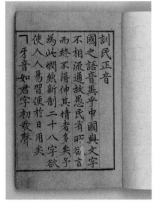

국보 70호 『훈민정음』

한글 반포 초기에는 『법화경』, 『금강경』 등 불교 경전과 유교 사상을 담은 두보의 시 등을 언해했으며, 시간이 지나며 지식인들도 점차 한글을 섞어 글을 쓰기 시작했다. 한자로 쓰인 중국 책도 한글로 활발하게 번역했다. 유명한 책들은 대부분 한글로 번역되었으며, 이런 번역서는 조선 작가들에게 큰 영향을 끼쳤다.

조선 후기의 변화

조선 전기에는 주로 유학을 공부한 사대부가 책을 썼다. 하지만 임진왜란과 정묘호란, 병자호란 등 수차례 전쟁을 겪으면서 조선은 정치, 경제, 사회적으로 큰 변화를 맞이했다.

조선 후기에는 중인, 서얼, 여성 등 다양한 계층과 집단에서 작가가 등장했다. 특히 통역관으로 청나라나 일본을 다녀오면서 새로운 사상과 문화를 받아들인 중인 출신 작가는 함께 모여 글을 발표하고 비평하기도 했다. 사대부 중에서도 박지원, 정약용 등 실학파 학자들은 사회를 비판하고 풍자하는 글을 썼다. 한글로 쓰인 책이 많아지면서 독자층도 일반 백성들로 확대되었으며, 여성 독자도 늘어났다.

여성 작가들

16세기 무렵 조선에서 뛰어난 여성 작가들이 등장했다. 양반가 출신 '허난설헌', 서녀(첩이 낳은 딸) 출신의 소실(정식 아내 외에 데리고 사는 여자) '이옥봉', 기녀 '이매창'이 대표적이다. 하지만 당시는 여성이 자기 작품을 인정받는 사회가 아니었고, 이들은 오히려 글을 잘 짓는다는 이유로 억압받았다.

허난설헌은 천재적인 시인으로, 여인의 일상을 섬세하게 노래했다. 그녀가 쓴 시는 중국과 일본에까지 알려졌다. 이옥봉은 허난설헌과 비슷한 시기에 활동했다. 워낙 글 솜씨가 뛰어나 그녀가 지은 시가 널리 퍼졌다. 그런데 남편은

허난설헌의 시를 새긴 비석(문화재청)

이를 못마땅하게 여겨 그녀를 쫓아냈다. 기녀였던 이매창은 신분이 낮은 자기 신세를 한탄하고 넋두리하지 않았다. 스스로 고난을 이겨내는 독립적인 인간임을 시로 읊었다.

17세기 이후 여성 작가는 더욱 활발히 활동하였고, 여성의 운명이 남편에게 달려있다는 생각을 비판하며 사회의 편견과 한계를 뛰어넘는 능력 있는 여성의 모습을 그렸다.

근대부터
현대의 작가

산업 혁명이 일어나고 온갖 기계가 만들어지면서 종이를 만드는 기술과 인쇄술도 발전했다. 갈수록 더 빨리, 더 많은 책을 만들어 낼 수 있게 되었다. 꼭 책을 출간하지 않더라도 사람들이 이용하는 여러 매체가 만들어지면서 작가들이 쓴 글을 투고할 수 있는 곳도 점점 늘어났다. 무엇보다 '저작권법'의 등장은 작가들이 자기가 쓴 글에 관한 권리를 지키도록 도왔다. 작가는 자신이 살아가는 시대와 사회에 따라 여러 뜻을 가지고 다양한 글을 썼다.

전업 작가의 등장

전업 작가가 출현하다

18세기 후반, 출판은 크게 변화했다. 우선 국가나 공공 기관에서 세운 학교가 늘어나면서 책을 읽을 수 있는 독자가 많아졌다. 산업 혁명을 거치면서 인쇄 기술도 발전해 책을 빠르게 많이 찍어내면서, 싼값에 책을 보급할 수 있게 되었다.

무엇보다도 19세기에는 '저작권법'이 만들어졌다. 이제 책을 출판한 작가는 자신이 쓴 글에 대한 법적인 권리를 가지게 되었고, 그에 대한 대가도 받을 수 있게 되었다. 정치, 경제, 과학, 사회가 발전하면서 세상은 빠르게 변화했고, 이 변화에 적응하기 위한 내용을 담은 다양한 주제의 책이 출간되었다.

마침내 다른 사람의 도움을 받거나 다른 직업을 갖지 않고도 책을 써서 생활하는 '전업 작가'가 탄생했다. 인기 있는 작가의 원고를 출간하기를 원하는 출판사에서는 책 판매 금액의 일부를 작가에게 나눠주는 '인세Royalty' 제도를 도입했다.

작가와 출판사의 여러 활동

이제 책은 누구나 가질 수 있는 상품이 되었다. 19세기 후반부터 소설이 대중에게 큰 인기를 끌면서 소설가는 명성과 부를 얻을 수 있게 되었다. 작가는 정치, 사회, 문화 각 방면에 관한 글을 쓰면서 자신의 주장을 내세우고 대중을 이끌어가는 역할을 했다. 작가의 사회적 지위는 높아졌고 권위자이자 전문가로 대접받았다. 신문이나 잡지에 글을 싣는 작가도 늘어났다.

PHILHARMONIC HALL
Monday Evening, Jan. 26.

[From the *Wicona Daily Republican*, January 26, 1885.]

Mark Twain and Geo. W. Cable!

PHILHARMONIC HALL,
Monday Evening, Jan. 26.
MARK TWAIN!

GEORGE W. CABLE!

To Appear Together

대형 신문에 실린 마크 트웨인과 조지 워싱턴 케이블, 두 작가의 강연 홍보

출판사는 과거의 후원자 역할을 대신하며 작가를 지원하고, 작가는 새 책이 출간되면 출판사를 도와 책을 판매하기 위해 강연이나 토론회 등 각종 활동을 했다. 『톰 소여의 모험』으로 유명한 미국의 소설가 마크 트웨인(1835~1910)은 재미있는 강연을 하기

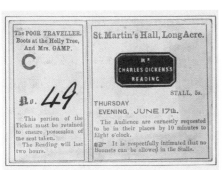

찰스 디킨스의 독서회 입장권(왼쪽)과 미국에서 열리는 찰스 디킨스의 독서회 광고(오른쪽)

로 유명해서, 그가 강의하는 날에는 관중이 구름같이 모였다. 『크리스마스 캐럴』을 쓴 영국의 소설가 찰스 디킨스(1812~1870)는 미국 전역을 다니며 오늘날 북토크 혹은 북 콘서트와 같은 강연을 했다. 찰스 디킨스는 강연에서 자기 소설의 주인공 역할을 연기하기도 했는데, 책 판매에 큰 도움이 되었다. 이 시기에는 작가가 자신의 책을 직접 홍보하는 일을 당연시했다.

그래도 살기 어려운 작가

독자가 늘어나고 저작권법이 제정되면서 작가의 수입이 늘어났다. 하지만 모든 작가의 생활이 나아진 것은 아니었다. 돈을 잘 버는 전업 작가는 손에 꼽혔다. 여전히 대다수 작가는 생계를 유지하기 위해 다른 일을 해야만 했다.

작가의 사정은 20세기에 들어서도 크게 달라지지 않았다. 인기 있는 작가도 수많은 책이 쏟아지는 시장에서 자신의 책을 알리기 위해 강연을 하고, 책을 소개하는 여행을 떠나고, TV나 라디오 토크쇼에 출연했다. 책의 홍보가 중요해지면서 책의 광고를 기획하고 제작하는 대행업자도 생겨났다. 작가는 부유한 후원자를 찾아다니던 것처럼 자신의 책을 잘 만드는 것뿐만 아니라 잘 홍보하고 많이 팔아줄 수 있는 출판사를 찾아다녔다. 자기 돈으로 책을 출판하고 판매하는, 일명 자비 출판을 하는 작가도 있었는데 책이 잘 팔리지 않으면 큰 손해를 감수해야 했다.

1980년 미국의 1인당 연평균 소득은 만 3천 달러 정도였는데 작가의 1년 평균 소득은 5천 달러 남짓이었다. 인기를 얻은 소수의 작가는 어마어마한 돈을 벌고 영화배우와 스포츠 스타 못지않은 유명세를 누렸다.

다양한 매체의 등장과 새로운 기회

방송과 영화 등 새로운 미디어가 등장했다. 이는 작가에게서 독자를 빼앗아 가는 경쟁자인 동시에 새로운 기회이기도 했다. 방송 프로그램과 영화 제작이 늘어나면서 TV, 라디오, 영화의 대본을 쓰는 일

자리도 많아졌다. 대본을 쓴 작가는 방영을 끝마친 작품의 원고를 책으로 출간해서 인세를 챙길 수도 있었다. 또한 적은 수이기는 하지만 학교나 특정 단체로부터 일정한 후원을 받는 작가도 있었다.

아편 전쟁 이후의 중국 작가

서양 문학의 도입과 새로운 글쓰기

중국은 청나라의 아편 단속을 빌미로 영국이 침략한 두 차례의 아편 전쟁 이후 서양 문물을 받아들였다. 중국어로 번역된 서양의 유명 서적은 중국인들이 중국 밖의 새로운 세상에 눈을 뜨게 했다. 글쓰기도 변화했다. 청나라 말 정치가이자 사상가인 량치차오는 이제 옛 유학자처럼 과거 시험을 위해 글을 익히는 것이 아니라, 지식과 사상을 공유하기 위해 대중이 글을 익혀야 한다고 주장했다.

작가들은 형식에 사로잡힌 귀족 문학이 아니라, 백성에 뿌리를 두고 현실을 표현하는 감동적인 작품을 쓰는 문학 운동을 일으켰다. 그 중심에 있는 대표 작가인 루쉰(1881~1936)은 새로운 문체로 중국의 사회 문제를 고발하는 「광인일기」라는 소설을 발표했다. 그는 작품을 통해 '사람이 사람을 잡아먹는 세상'에 서 미래를 위해 '어린이를 구하라'는 강렬한 목소리를 전했다.

여러 작가가 모여 단체를 만들어 새로운 사상을 전했고, 신문과 잡지를 발간하고 글을 싣는 일도 활발히 했다.

루쉰

제2차 세계 대전 이후 중국 작가

1937년 일본이 중국을 침공했다(중일전쟁). 작가들은 일본에 대항해서 투쟁하자는 애국 '항전문예' 활동을 벌였다. 일본 침략을 규탄하는 시를 길에서 낭송했고, 농촌 구석구석을 돌아다니며 애국심을 북돋우는 연극을 공연했다. 일본군이 점령한 지역에서 대중이 어떤 고통을 받고 어떻게 저항하였는지를 소설로 썼다. 청년 작가들은 전장에서 싸웠고, 그 경험을 글로 알렸다.

1945년 제2차 세계 대전에서 패한 일본이 항복하고, 1949년 중화인민 공화국을 수립되고 중국 작가들은 사회주의 사상의 글을 썼다.

1980년대 이후 개혁 개방으로 사회 분위기가 바뀐 후에야 자유로운 작품 활동이 시작되었다. 방송이나 영화로 만들어져 크게 인기를 얻은 작품도 생겨났고, 수백만, 수천만 부가 팔리는 책도 심심치 않게 등장했다. 지금도 새로운 젊은 작가들이 속속 탄생하고 있다.

우리나라의 현대 작가

개화기와 일제 강점기의 작가

19세기 조선은 미국, 프랑스와의 전쟁을 치르면서 혼란스러워졌다. 결국 1876년 일본이 무력으로 쳐들어와 강화도 조약을 맺고 강제로 항구를 열게 되었다(개항). 개항으로 서양 문물이 들어오고, 정치와 사회 개혁이 일어나면서 지배 세력이었던 양반은 힘을 잃어갔다. 일제 강점기에는 일본을 통해 본격적으로 서양 문학이 들어왔다. 염상섭, 현진건, 나도향 등 중인 출신 작가와 이광수, 김동인, 김소월 등 평민 출신의 작가가 등장했다. 이들은 새로운 서양 문학을 받아들이고 사대부가 남긴 한문학 유산을 이어받아 새로운 근대 문학을 발전시켰다.

1908년부터는 우리나라에도 '저작권'에 관한 법령이 도입되었다.

글 쓰는 사람을 '작가(作家)'라 한다. 작가라는 명칭은 1920년대가 되어서야 쓰이기 시작했다. 그전에는 글 쓰는 이를 '필자', '저술가', '저자'라 했다. '기자(記者)'도 글 쓰는 사람을 일컫는 이름이었다. 새로운 소설을 쓰는 사람을 '기자'라 부르기도 했다. 1910년까지만 해도 '작(作)'은 농사를 짓거나 물건을 만드는 일에 주로 썼다.

이후 사회 전반에 저작권에 관한 인식이 퍼져 작가도 자기 작품으로 정당한 이익을 얻었으며, 저작권을 두고 다툼이 벌어지기도 했다.

사상에 따라 대립한 작가

1920년대 일제 치하에서 독립을 추구하는 이들은 둘로 나뉘었다. 한편으로는 교육에 힘쓰고, 산업을 발전시켜 힘을 기르고(점진적 개량), 민족 정체성을 확립하자는 사람들이 있었다. 다른 한편은 일제에 대항해 무력을 동원해 싸워야 한다고 주장했다. 작가도 둘로 나뉘었다. 어떤 작가들은 점진적 개량과 민족주의를 바탕으로 글을 썼다. 이를 '시민문학'이라 한다. 또 다른 작가들은 사회주의 사상에 기반을 두고 노동자와 농민이 억압과 싸우는 작품을 주로 썼다. 이런 작품을 '프롤레타리아 문학', 줄여서 '프로문학'이라 한다. 각 진영은 서로를 비난했다.

1945년 일제가 패망하고 우리나라는 독립했다. 작가들은 일제 강점기에 우리 민족이 겪은 비참한 삶, 해방 이후의 혼란한 사회, 남북 분단으로 인한 단절감과 미래에 대한 두려움 등을 주제로 글을 썼다. 일부 작가는 일제 강점기에 친일 행위에 가담했거나 독립운동에 적극적으로 나서지 못했던 과거를 반성하는 글을 쓰기도 했다. 광복 후 자본주의와 사회주의(혹은 공산주의) 사이 갈등은 심해졌다. 각종 정치, 사회단체는 이념에 따라 둘로 갈라져 싸웠다. 자본주의를 주장하는 편을 우익, 사회주의를 주장하는 편을 좌익이라 했다. 시민문학 계열 작가는 우익에서, 프로문학 작가는 좌익에서 서로 다투었다.

1950년 한국전쟁이 발발하고 쓰인 많은 작품은 전쟁으로 인한 비극을 주제로 다뤘다. 좌익을 지지하던 지식인과 작가는 북쪽으로 넘어갔다.

대한민국 발전과 작가

1960년대 이후 우리나라 사회가 발전하고 경제 성장을 했다. 소설, 희곡 등 문학 작품은 물론 여러 분야에서 수많은 책이 출간되었고, 다양한 배경의 작가가 등장했다. 수백만 부가 넘게 팔린 작품을 써서 많은 수입을 올린 작가도 있다. 지금까지 천만 권 이상 작품이 팔린 작가도 있다. 베스트셀러 작가는 각종 미디어에서도 활발히 활동했다. 정치, 경제적으로 중요한 사건에 유명 작가의 발언이 큰 영향을 끼치기도 했다. 하지만 몇몇 인기 있는 작가를 제외한 대부분 작가는 아직 책만 써서는 생활이 어렵다. 21세기 이후 출판 환경이 달라지며 작가는 새로운 형태로 작품을 낸다. 또 인터넷과 각종 소셜 네트워크 서비스를 이용해 작품을 적극적으로 홍보한다.

오늘날과
미래의 작가

오늘날 작가는 전문 직업으로 자리잡았지만 여전히 대다수 작가가 생계를 위해 다른 일을 겸하고 있다. 저작권을 보호하기 위한 법이 있지만 저작권 침해는 아직도 일어나고 있다. 수많은 미디어 매체가 발전하며 글을 읽는 사람이 줄어든다고 하지만, 새로운 형식의 글을 쓰는 자리가 생겨나며 작가의 또다른 활로가 되고 있다. 현대의 작가는 어떤 자리에서, 어떤 글을 쓰고 있으며, 미래의 작가는 어떤 이야기를 사람들에게 지어 선보일지 생각해보자.

오늘날의 작가

글을 쓰는 직업, 작가

작가는 수천 년 전부터 존재했지만, 독립적인 직업이 된 지는 얼마 되지 않았다. 수천 년 전 작가는 귀족이나 부유한 후원자의 도움을 받거나 글 쓰는 것 외에 다른 일을 하며 생계를 유지했다. 글을 쓰는 것만으로 돈을 버는, 독립된 직업으로서의 작가는 근대 이후에나 등장한다. 기술의 발전으로 많은 책이 보급되고, 독자가 늘어나고, 무엇보다 작가의 저작권이 법으로 보호되면서 비로소 작가가 독립된 직업인이 될 수 있었다.

하지만 여전히 대다수 작가는 책 쓰는 일만으로는 생활하기 어렵다. 또한 작가는 온갖 새로운 매체와 경쟁해야 하는 상황에 있다. 이런 어려움에도 불구하고 인류에게 새로운 지식과 정보를 전달하고,

이야기를 통해 즐거움과 감동을 주고 상상력을 북돋우는 작가라는 매력적인 직업은 사라지지 않을 것이다.

전통적으로 작가는,

기업인, 교사, 정치가 등 전문 직업이 있는 상태에서 자기 분야의 전문 지식이나 독특한 경험이 담긴 책을 쓰는 작가가 있다. 이들은 작가이기는 하지만 글쓰기를 직업으로 삼은 전업 작가는 아니다.

글만 써서 생계를 유지하는 전업 작가 대다수는 문학 작가다. 이들은 어떤 형식의 글을 주로 쓰느냐에 따라 시를 쓰는 시인, 소설을 쓰는 소설가, 연극 대본을 쓰는 극작가 또는 희곡 작가로 나뉜다. 이 외에도 일상생활에서 겪은 경험과 그로부터 느낀 감정을 개성 있게 쓰는 수필가, 문학 작품을 분석하고 비판하는 평론가도 있다.

미디어 발전으로 등장한 새로운 작가

TV 프로그램과 영화 등 미디어가 발전하면서 방송 매체에서 필요로 하는 글을 쓰는 작가가 등장했다. 시나리오 작가는 영화를 만드는 데 필요한 대사, 움직임, 효과 등을 각본에 구체적으로 묘사한다. 이들은 완전히 새로운 이야기를 창작하기도 하고, 소설 등 원작이 있는 경우에는 해당 매체에 잘 어울리도록 각색하기도 한다.

방송 작가는 TV에서 방송하는 드라마, 예능 등 각종 프로그램에 필요한 글을 쓰는 작가다. 드라마의 줄거리를 만들고 각본을 쓰는 드라마 작가와 예능, 다큐멘터리, 교양 등 프로그램의 아이디어를 내고, 프로그램을 구성하고, 대본을 작성하는 종합 구성 작가, 외국의 영화나 드라마를 우리말로 번역하는 번역 작가 등이 있다.

또한 인터넷이 발달하면서 인터넷 포털 사이트에 글을 연재하는 웹 작가가 등장했다. 웹 작가는 글 전체를 한꺼번에 발표하지 않고, 1회씩 연재하는 방식으로 대중에게 글을 공개한다. 웹 작가는 주로 독자의 흥미를 끄는 로맨스, 무협, 판타지 등의 장르에 속하는 글을 쓴다. 이미 종이책으로 출판된 작품을 웹소설 형식에 맞게 바꾸기도 하고, 웹소설의 인기가 높으면 종이책으로 출판하기도 한다.

인터넷으로 나오는 각종 콘텐츠에 필요한 글을 쓰는 작가도 늘어났다. 동영상 콘텐츠가 널리 퍼지면서 동영상 제작을 위한 대본을 쓰는 작가, 웹툰(만화) 제작을 위해 글을 쓰거나 다듬는 작가도 있다. 이외에도 게임 시나리오만 전문적으로 쓰는 작가, 기술이나 기계의 작동법을 쉽게 설명하는 글을 쓰는 작가 등도 새롭게 등장했다.

작가의 다양한 활동

책을 출간하는 것으로 작가가 하는 일이 끝나지는 않는다. 출판사나 서점, 도서관에서는 때때로 작가를 초청해 독자와 이야기를 나누는 시간을 갖는다. 유명 작가는 전국을 돌며 독자와 만나 사인회도 하고, 책에 관한 이야기를 나눈다. 작가는 자신이 쓴 글의 주제와 관련된 강연도 자주 한다. 글 쓰는 법을 가르치는 작가도 있다. 다른 사람이 쓴 글을 읽고 평가하는 일도 중요하다. 책이 팔리는 만큼 받는 인세 외에도 작가는 다양한 방법으로 돈을 번다. 작가의 글을 좋아하는 개인으로부터 조금씩 후원을 받기도 한다. 독자에게 책의 주제를 미리 알리고 제작에 필요한 돈을 모으는 크라우드펀딩으로 책을 출간하기도 한다. 돈을 지급한 구독자에게 전자우편(이메일) 등으로 정기적으로 글을 보내는 작가도 있다.

좋은 작가란 어떤 작가일까?

글의 종류는 다양하고, 다루는 내용 역시 광범위하다. 작가의 특성도 다양하다. 그래서 좋은 작가가 되기 위한 자질을 명확하게 말할 수는 없다.

물론 가장 중요한 것은 언어 능력, 특히 글쓰기 능력이다. 또한 새롭고 흥미로운 이야기를 만들어낼 수 있는 창의력, 사회와 인간의 변화를 이해할 수 있는 사회·역사 지식, 평범한 일상생활에서 새로운 의미를 발견해내고, 자기가 느낀 것을 타인에게 공유하는 능력이 좋은 작가를 만든다. 타인의 비평을 열린 마음으로 받아들이고, 여러 사람의 의견을 잘 듣는 능력도 도움이 된다.

작가에게는 어떻게 일해야 한다는 규칙이 없다. 모든 작가는 자기만의 방식으로 일한다. 마음 내킬 때 며칠씩 잠도 자지 않고 글을 쓰는 작가도 있고, 회사에 출근하는 것처럼 매일 시간을 정해 두고 그 시간 동안은 무조건 글을 쓰는 작가도 있다. 물론 어느 스타일의 작가가 훌륭하다고 이야기할 수는 없다.

작가가 겪는 어려움

오늘날 작가와 책은 TV, 방송, 영화와 같은 다른 미디어 매체는 물론 인터넷, 스마트폰과 경쟁한다. 출판사는 책을 많이 팔기 위해 작가에게 특정한 글쓰기 스타일과 주제를 요구하고, 하루라도 빨리 글을 쓰라고 재촉한다. 그리고 엄연히 저작권법이 존재하지만 기술 발전으로 인해 저작권 보호는 점점 어려워지고 있다.

작가의 수입 감소에는 도서관도 영향을 미친다. 책을 구매할 수도 있지만 도서관에서 책을 빌려봤기 때문에 구매까지는 하지 않는 독자도 있다. 그만큼 저자가 받을 인세가 줄어든다고 할 수 있다. 그래서 도서관에서 책을 대출할 때 그 책의 저작권을 가진 사람에게 일정한 보상을 해 주어야 한다는 주장도 등장했다. 이를 '공공대출보상권'이라고 하는데, 현재 35개 나라에서 시행하고 있다. 우리나라에서는 시행하지 않고 있다. 시행을 반대하는 입장은 아직 우리나라에 공공도서관 자체가 부족하고, 도서관 장서 구입 예산을 늘리는 게 우선이기 때문에 논의하기에는 이르다고 주장한다.

미래의 작가

작가라는 직업의 절망과 희망

작가라는 직업의 장래가 마냥 밝지는 않다. 작가가 쓴 글을 발표할 수 있는 전통적인 매체, 신문이나 잡지 같은 정기간행물은 점차 줄어들고 있다. 책을 읽는 독자의 수도 줄고 있다.

그러나 인터넷은 작가의 새로운 무대가 되었다. 우선 웹소설이 큰 인기를 끌고 있다. 수백만 명의 독자가 다음 회차의 글을 기다린다. 인터넷에 연재되는 콘텐츠와 이를 감상하는 독자는 계속 늘어날 전망이다. 특히 인터넷에는 글을 자유롭게 올릴 수 있고, 관심 있는 사람이라면 누구나 볼 수 있기 때문에 신인 작가에게 큰 기회를 제공하고 있다.

책을 내는 데 드는 돈이 줄어들어 자기 글을 직접 책으로 만들어 내는 자비 출판도 늘어나고 있다. 개인이 만든 영상이 인터넷에서 큰 인기를 누리면서 규모가 커지는 만큼, 개인 방송인과 함께 일하는 방송 작가도 늘어나고 있다.

대화형 인공지능의 등장

2022년 11월 30일 오픈에이아이OpenAI라는 미국 인공지능 개발 회사는 대화형 인공지능인 '챗지피티ChatGPT'를 공개했다. 사람이 질문하면 인공지능이 대답하는 시스템이다. 성능이 뛰어나 전 세계 사람들이 깜짝 놀랐다. 챗지피티는 인터넷에 있는 5조 개 문서와 3천억 개 단어를 익혔다. 이를 바탕으로 한 단어 다음에 어떤 단어가 나올지 예측해 답을 한다. 사람이 주제를 제시하면 그 주제에 맞는 글을 쓰기도 한다. 글솜씨가 뛰어나 사람이 쓴 것인지 기계가 쓴 것인지 구분하기 어렵다. 미국 변호사 시험은 객관식 외에 법률 문제를 논술식으로 푸는 주관식이 있다. 챗지피티로 미국 변호사 시험 문제를 풀면 상위 10% 성적으로 합격한다. 명령만 잘 내리면 어느 정도 수준을 갖춘 컴퓨터 프로그래머만큼 소프트웨어를 만든다. 오픈에이아이뿐 아니라 구글, 메타 등 다른 IT 회사들도 앞다투어 인공지능 시스템을 선보이고 있다.

인공지능의 도전을 극복할 수 있을까?

인공지능 시스템은 작가라는 직업을 위협한다. 지금도 인공지능 프로그램으로 쓴 소설이 많이 만들어지고 있다. 어느 영국 출판사는 사람들이 인공지능을 이용해 쓴 소설을 너무 많이 투고하여 더는 외부에서 원고를 받지 않기로 했다. 인공지능이 발전하면 우선 외국어 번역 작가 일이 크게 줄어들 것이다. 이미 지금도 기계가 외국어를 번역한 문장을 사람이 다듬는 일은 흔하다. 창작 작가의 자리도 위험하다. 굉장히 많은 이야기를 담고 있는 인공지능은 비슷하면서도 조금씩 다른 흥미로운 이야기를 얼마든지 빠르게 꾸며낼 수 있다. 머지않은 미래에 사람이 쓴 글보다 컴퓨터가 쓴 글이 더 많아질 수 있다.

인공지능 성능은 나날이 좋아지고 있다. 변화와 발전이 너무 빨라서 전문가도 따라잡기 힘들 정도다. 물론 아직은 틀린 답을 내기도 한다. 하지만 기술은 계속 발전하고 있으며, 여러 문제는 곧 해결될 것이다. 문제가 해결된 다음에는 어떤 수준의 작품이 나올지 짐작하기 힘들다.

한편으로 인공지능은 작가에게 좋은 도구이기도 하다. 인공지능을 어떻게 이용하느냐에 따라 '작가'라는 직업이 달라질 것이다. 인공지능을 이용하면 작품을 쓰는 데 필요한 자료를 더 빨리 찾고 이야기 뼈대를 쉽게 구성할 수 있다. 현명한 작가는 인공지능을 도구로 이용해 더 좋은 작품을 더 빨리 쓸 수도 있을 것이다.

어떻게 작가가 될 수 있나요?

우리나라 작가의 현재

작가가 되기 위한 자격증이나 허가가 필요한 것은 아니다. 학력이나 나이 등 개인의 사정에 따른 자격 제한도 없다. 그래서 우리나라 작가의 수나 평균 나이, 성별 등은 다른 직업처럼 파악하기 어렵다.

또한, 책 한 권을 써도 수십만 부가 팔려서 인세만으로도 큰돈을 버는 작가가 있는가 하면 1년에 몇백 권도 팔리지 않는 작가도 많다. 웹소설 등 새로운 콘텐츠 시장의 규모도 해마다 커지고 있다. 웹소설을 쓰는 작가는 20만 명이 넘는 것으로 본다. 웹소설 작가 중에는 글을 연재해서 1년에 수십억 원을 버는 작가도 여럿 등장했다. 그만큼 작가의 수익을 평균 내기는 어렵고, 여전히 대부분 작가는 글을 쓰는 것만으로는 충분한 돈을 벌지 못해 다른 직업을 겸하고 있다.

작가가 되려면

작가가 되기 위해 정해진 교육 과정이나 준비 방법은 따로 없다. 대학교에서 국어국문학, 영어영문학 등 어문 계열이나 문예창작과 등을 전공하면 글쓰기에 도움을 받을 수는 있다. 하지만 교육보다는 작가 자신이 다양한 경험을 하고 풍부한 지식을 쌓는 것이 중요하다. 보통 작가가 되기 위해서는 많은 글을 읽고(다독), 많은 글을 쓰고(다작), 많이 고민(다상량)하는 것이 중요하다고 한다.*

작가로 책을 출간하는 방법도 여러 가지가 있다. 인터넷에 연재한 짧은 글 여러 편이나 신문이나 잡지에 투고했던 글을 묶어서 책으로 만들기도 한다. 연구자들을 비롯하여 자기 전공 분야가 있는 사람들은 지식을 쉽게 풀어 사람들이 읽기 좋게 책으로 펴내기도 한다. 출판사에서 주제를 정해 두고 그에 어울리는 글을 쓸 작가를 찾기도 한다.

공개적으로 작품을 모집해서 여러 사람에게 선보이는 '공모전'에 자기 글을 제출하고 당선되어 작가로 활동하는 사람들도 있다. 신문사는 매년 상금을 걸고 신인 작가를 발굴한다. 이를 '신춘문예'라고 한다. 문학 전문 잡지에서도 작가를 뽑는다. 웹소설 플랫폼도 매년 큰 규모의 공모전을 열어 새로운 작가와 작품을 찾는다. 물론 자기 돈으로 책을 내고 작가가 되는 것도 가능하다.

---

* 중국 송나라의 시인이자 학자, 정치가였던 구양수(1007~1072)가 한 말이다.

등단

  작가가 신문사의 신춘문예나 문학잡지에서 상을 받거나, 문학잡지에 처음 글을 실으면 '등단'했다고 한다. 등단이란 '무대에 올랐다'라는 뜻으로 새로운 사람이 처음 모습을 드러냈다는 의미이기도 하다. 시, 소설, 희곡, 평론 등 문학 분야에서는 등단을 거쳐야 비로소 한 사람의 어엿한 작가로 대접하는 전통이 있다. 하지만 '등단'은 우리나라와 일본에만 있는 독특한 관습으로, 다른 대부분 나라는 이런 관습 없이 직접 책을 출판해서 잘 팔리면 인기 작가가 된다. 등단했다는 것은 어느 정도 수준을 갖춘 글을 쓰는 작가라는 것을 나타내기도 하지만, 심사위원이 아는 사람을 선정해 새로운 작가의 등장을 방해한다는 비난도 있다.

2부

책을 만들고 유통하는
출판인과 서적상

출판인과 서적상의
탄생과 변화

오래 전 돌과 뼈, 나뭇조각 같은 자연물을 이용해 기록을 남기던 인류는 양피지와 종이를 만들어내 책으로 엮었다. 고대 사회에서는 대부분 출판이 사회 지도층의 일이었다. 대부분 종교와 역사에 관한 내용이었기 때문이다. 기록의 범위는 좀 더 일상적이고 전문적으로 변해갔다. 책을 만들기 위해서는 글을 쓰는 작가도 필요하지만, 날것의 원고를 책의 형태로 엮어서 독자에게 전달하는 사람도 필요하다. 책을 만들기 힘들었던 과거에는 출판인이 곧 서적상이었다.

고대 지중해 인근의
출판인과 서적상

책을 펴내는 사회 지도층

고대 서양에서 책을 만들어 세상에 선보이는 '출판'은 사회 지도층의 일이었다. 고대 이집트에서는 파라오와 고위 사제들이 책을 출판했다. 오래전부터 전해져 오는 이야기나, 왕실이나 당시 사회 질서를 찬양하는 글을 모아 책으로 펴내고는 했다. 특별한 책은 돈을 받고 팔기도 했다. 특히 죽은 사람이 사후 세계에 안전하게 도착하는 방법을 안내하는 『사자의 서』는 고인의 가족에게 잘 팔렸다.

출판인이 등장하다

작가에게 원고를 받아 책으로 만들고, 독자에게 판매해서 돈을 버는 '출판인'은 고대 그리스 때 처음 등장했다. 당시 학문의 중심지였던 알렉산드리아에서는 알렉산드리아 도서관을 중심으로 본격적으로 책을 사고팔았다. 출판인은 글을 베끼는 필경사를 여럿 고용해서 팀을 꾸리고 책을 만들어서 그리스 전역에 팔았다.

기원전 753년 이탈리아반도 중부에서 시작된 로마는 지중해 전역으로 세력을 넓혀 강력한 국가를 건설했다. 기원전 146년 로마는 그리스 반도까지 정복하고 문화, 예술, 학문의 중심지로 자리 잡았다. 그러나 여전히 책 출판과 교역의 중심지는 이집트의 알렉산드리아였다. 알렉산드리아의 출판인은 주로 필경사 출신이었다. 책을 베껴 쓰

필경사

인쇄술이 발명되기 전까지는 문서나 책을 손으로 베껴 써서 만들었다. 글을 베껴 쓰는 일을 전문으로 하는 사람을 '필경사'라고 했다. 글을 베껴 쓴다는 의미의 '필경'은 오랫동안 훈련받은 지식인의 일이었다. 특히 유럽 수도원의 수도사들은 의무적으로 책 베끼는 일

고대 이집트 필경사

을 했고, 중국과 우리나라에서는 글씨를 잘 쓰는 것이 지식인의 소양이었다. 인쇄술이 발전하면서 필경사의 일은 점차 줄어들었고, 타자기나 프린터가 발명되면서 필경사라는 직업은 사라지게 되었다.

이집트 『사자의 서』

기만 하는 것보다는 책을 출판하는 것이 돈벌이가 된다는 것을 알게
된 것이다. 읽을거리가 많지 않았기 때문에 파피루스
로 만든 책은 내용과 관계없이 잘 팔려나갔다.
독자는 글의 내용이 정확한지, 글씨가 깔끔하
고 멋있는지 등은 크게 문제 삼지 않았다. 알
렉산드리아의 출판인들은 모임을 만들어서
누가 어떤 책을 펴낼지 상의했다. 하지만 책
에 출판인 이름은 따로 넣지 않았다. 출판인
이라는 직업을 명예롭게 생각하지 않아서인
지, 아니면 책을 만드는 데 출판인이 기여한
일이 별로 없다고 생각해서였는지는 모를
일이다.

바닥에 앉아 파피루스를 무릎 위에 올려
놓고 읽는 고대 서기관 동상

로마 초기의 출판인

1세기 무렵 알렉산드리아의 뒤를 이어 로마가 지중해에서 책과 문학의 중심지가 되었다. 안티오크, 아테네, 페르가몬 등의 도시는 출판과 책 교역의 중심지로 떠올랐다. 로마의 책 시장에는 그리스의 고전 작품을 라틴어로 번역한 책도 많았지만 당대 로마인 작가가 쓴 책도 많았다. 책을 많이 펴내서 작가와 독자에게 큰 영향을 미치는 출판인도 등장했다.

출판인의 평판은 여전히 별 볼 일 없었다. 로마 시대 대표적인 그리스 단편 문학 작가인 루키아노스는 출판인을 "학문적인 지식도 없고, 문학적 소양도 없으며, 좋은 작품과 나쁜 작품을 구별할 능력도 없는 자"라고 비난했다. 출판인들은 돈벌이를 목적으로 서둘러 책을 펴내기에만 급급해서 원고를 제대로 검토하지 않았고, 잘못된 내용이 들어가거나 일부분을 빼먹는 일도 많았다. 이 때문에 당시 출판인은 탐욕과 거짓말의 상징처럼 여겨졌다.

능력 있는 출판인

부지런하고 꼼꼼해서 작가들의 찬사를 받는 출판인도 있었다. 정확하고 주의 깊게 내용을 검토하고 멋진 글씨체와 아름다운 표지로 책을 만드는 출판인들은 작가와 독자의 찬사를 받았다. 필경사를 시켜서 책을 만들면 빨리 일을 끝내고 돈을 받기 위해 대충 일하는 경우가 많았다. 그래서 책임감이 강한 출판인은 직접 글을 베껴 쓰고 책을 만들기도 했다.

출판인은 학자의 강의, 정치가의 연설을 받아 적어서 책으로 내기도 했다. 이들은 보조원을 고용해서 여러 강의와 연설에 참석시켜 그 내용을 속기*로 받아 적거나 암기한 다음 다시 글로 풀어 썼다. 책을 빨리, 많이 내야 돈을 벌 수 있었기 때문에 한 강의에 여러 출판인이 동시에 참석했고, 같은 내용의 책이 여러 출판인을 통해 나오고는 했으며, 다른 출판인이 낸 책을 그대로 다시 베껴 출판하는 출판인도 있었다. 서로의 출간물을 무분별하게 베낀 결과 2세기 무렵에 되어서는 모두가 손해를 볼 지경에 이르렀고, 출판인들은 그제야 조합을 만들어 서로의 권리를 존중하기 위해 나섰다.

로마 출판인의 변화

시간이 지나며 작가는 유명세가 있고 믿을 만한 출판인과 일하기 시작했다. 로마의 정치가이자 법률가, 작가로 유명한 키케로는 아티쿠스(기원전 110~기원전 32)라는

편지를 쓰는 키케로

* 말을 빠르게 받아 적은 다음 다시 글로 풀어 쓰는 일. 그대로 바로 적기는 어렵기 때문에 정해진 기호를 사용한다. 요즘도 각종 회의를 기록으로 남기는 속기사가 있다.

키케로의 편지 모음집, 14세기 원고 (대영도서관)

출판인과 파트너를 맺고 책을 냈다. 키케로가 쓴 편지는 813편이 남아 있는데, 그중 아티쿠스에게 보낸 편지가 454편에 달한다고 한다. 두 사람이 절친한 친구이기도 했음을 알 수 있다.

아티쿠스는 부유한 은행가로서 문학을 사랑하고 그리스 고전 작품을 수집하는 것이 취미였다. 그는 아테네에서 뛰어난 필경사를 발탁하고, 노예 중에서 똑똑한 사람을 골라 글쓰기를 훈련시킨 후 책을 베끼게 했다. 아티쿠스는 금방 로마에서 강력한 영향력을 가진 출판인이 되었으며, 키케로를 비롯한 로마의 유명한 작가들이 아티쿠스에게 자기가 쓴 글을 보냈다.

아티쿠스는 내용이 정확하고 보기에도 멋진 책을 만들었지만, 출판으로 돈을 벌 생각이 없었기 때문인지 책을 낼 때마다 손해를 봤다. 그는 작가와 계약을 맺고 자신이 원고를 가져가는 대가로 원고료를 지급했고, 독자들에게도 책에 문제가 있으면 언제든지 말해달라고 했다.

책을 검열하고 작가를 처벌하다

로마 제국 말기에는 누가 어떤 내용으로 책을 내는지 국가가 감시하고, 그 내용이 국가 방침과 어긋나거나 황실의 마음에 들지 않으면 출판을 금지했다. 도미티아누스 황제는 방침을 어긴 출판인을 십자가에 매달아 죽이는 십자가형으로 처형하기도 했고, 디오클레티안 황제는 기독교 관련 문서나 고대 연금술 관련 문서 등을 모아서 없애 버렸다.

로마 제국이 멸망하며 대규모 출판과 서적 교역은 자취를 감췄다. 책은 여기저기 수도원에서 조금씩 만드는 수준에 그쳤다. 내용도 대부분 기독교에 관한 것이었다. 책을 만드는 속도가 워낙 느려서 수량도 적었고, 책을 사고파는 일도 드물었다.

고대 중국의 출판과 서적 판매

국가에서 책을 관리하다

고대 중국에서 책을 출판하고, 보관하고, 책의 내용을 해석하는 일은 모두 국가에서 담당했다. 『시경』, 『서경』과 같은 책이나 국가의 중요 기록은 관청의 창고에 보관했고, 군주가 허락하지 않으면 함부로 볼 수 없었다.

그러나 춘추 전국 시대에는 학문을 가르치는 평민과 관리가 아니면서도 책을 쓰고 펴내는 사람이 등장했다. 다양한 학문이 발전하면서 책의 종류와 수도 늘어났다. 유학의 기초를 확립한 공자도 평범한 군인의 아들로 태어났지만 국가에 묶여 있던 학문을 백성에 알린 스승이었다. 하지만 중국을 통일한 진시황은 책으로 다양한 사상이 퍼지는 것이 마음에 들지 않았고, 사람들의 생각을 통제하기 위해 책을 불태워버리기도 했다. 이 사건이 바로 '분서갱유'다.

학문의 발전과 종이의 등장

진나라 이후 세워진 한나라에서는 유학을 중시하고 학문을 권장했다. 2세기 무렵 유학이 융성하면서 책 읽는 사람이 늘어났으며, 이들은 여러 분야의 책을 골고루 읽으며 폭넓게 공부했다. 한나라 수도 뤄양에는 유학을 공부하는 수만 명의 학생이 있었다. 이들은 책이 필요했기 때문에 자연히 서로 책을 바꿔 보고, 베끼고, 사고파는 일이 잦았다. 게다가 가볍고, 글씨 쓰기도 편하고, 값도 저렴한 '종이'가 발명되자 책은 더욱 빠르게 퍼져갔다.

지방의 귀족과 세력가를 중심으로 자유로운 학문을 추구하는 풍토가 퍼지면서 책의 종류는 더욱 다양해졌다. 베스트셀러도 탄생했다.

고대 중국 제지 과정의 다섯 가지 주요 단계 중 처음(왼쪽)과 마지막(오른쪽)

280년 무렵 좌사(250?~305?)는 삼국지의 주역이었던 위, 오, 촉 세 나라 도성의 화려함과 각국의 형편을 『삼도부(三都賦, 세 도성의 노래)』라는 작품에 담았다. 『삼도부』는 유명인의 추천을 받기도 하며 뤄양의 지식인들 사이에 큰 인기를 끌었다. 사람들이 『삼도부』를 베끼기 위해 앞다투어 종이를 사는 바람에 뤄양의 종이가 부족해져 값이 올랐다는 '낙양지가귀洛陽紙價貴'라는 말도 생겨났다. 오늘날에도 잘 팔리는 책을 두고 '낙양의 종잇값을 올렸다'라는 표현을 사용한다.

책을 소장하기를 원하는 사람이 늘어나면서 책 베끼는 일을 직업으로 삼는 사람도 등장했다. 관청이나 개인은 이들에게 돈을 주고 책을 베끼게 했다. 책을 베끼는 데 돈이 드는 것은 물론, 종이 자체가 귀

---

* 한나라는 전한(기원전 202~8)과 후한(25~220)으로 나뉜다. 각각 서한과 동한이라고도 한다.

해서 책값은 아주 비쌌다. 책을 담보로 맡기고 돈을 빌릴 수 있을 정도로 책은 아주 귀한 물건이었다. 한나라의 역사를 기록한 『한서』 한 질*을 맡기면 한 가족이 곤궁한 생활을 벗어날 정도로 많은 돈을 빌릴 수 있었다.

책을 사고파는 곳, 서점

약 6세기부터 큰 도시의 서점**에서 책을 살 수 있었다. 8세기 무렵 출간된 소설에는 '서점에서 책을 사 돌아왔다'라는 표현이 나오기도 한다. 서점에서는 귀족이나 학자들이 집에 보관하던 책을 사들였으며, 직접 책을 만들기도 했다. 가난하여 책값을 치르지 못하는 학생에게는 외상으로 책을 팔았다.

9세기에는 '청두'라는 도시가 출판과 인쇄의 중심이 되었다. 책을 만드는 방식도 변화하였다. 전에는 한 글자씩 직접 적어서 책을 만들었는데, 이제는 나무 판에 글씨를 새긴 다음 먹을 묻히고 종이에 찍어 냈다. 덕분에 책을 만드는 데 드는 시간이 줄어들어 인기 있는 시인의 시집은 수천 부씩 만들어져 팔리기도 했다. 유교 경전뿐 아니라 불경, 점술 책, 달력 등이 출간되었으며, 책을 사려는 사람도 늘었다.

＊　여러 권으로 된 책의 한 벌을 세는 단위.
＊＊　서점은 방사(坊肆), 서방(書坊), 서사(書肆), 서포(書鋪)라는 이름으로 불렸다.

국가에서 발간한 경전

왕조시대 중국에서는 국가가 직접 책을 출판하고 보급했다. 관청에서 글자를 새긴다는 뜻으로 관각官刻이라 했다. 경전을 교정하고 출간하는 것이 나라의 문화와 교육 수준을 높이는 일이라고 생각하여 국가에서 직접 책임진 것이다.

후당이라는 나라의 재상이었던 풍도(882~954)는 932년부터 3년에 걸쳐 아홉 가지 고전 경서인 '구경九經'*을 국립대학 격인 국자감에서 발간하도록 하였는데 당시 최대 규모였다. 이렇게 국가에서 만든 책은 높은 지위의 관리나 공을 세운 신하에게 왕이 특별히 하사하거나, 국립 학교나 관청에 보관했는데, 아무나 마음대로 볼 수 없었다.

---

* 수나라 때는 『주례』『의례』『예기』『좌전』『공양전』『곡량전』『주역』『서경』『시경』이었고, 송나라 이후에는 『주역』『시경』『서경』『예기』『춘추』『효경』『논어』『맹자』『주례』를 꼽는다.

고려 이전의 우리나라 출판

고대의 출판

고려 시대 이전에 만들어진 책의 원본은 남아 있지 않고, 자료도 찾기 어렵다. 하지만 고구려, 백제, 신라의 삼국이 각각 역사책과 경전을 출간했다는 기록이 있다. 7세기 무렵에는 나무 판에 글자를 새기고, 그 판에 먹을 칠한 다음 종이를 올려 찍어내는 '목판 인쇄술'을 활용해서 책을 만들었다. 1966년 10월 경주 불국사 석가탑을 보수하다가 8세기경 목판

『무구정광대다라니경』 복제품(국립중앙박물관)

인쇄술로 찍어낸 '무주정광대다라니경'이 발견되었다. 이것은 세계에서 가장 오래된 목판 인쇄물이다. 유학이 들어오고, 불교를 국교로 했던 고려 시대에 책이 본격적으로 출판되었다.

중세 이후의 출판

사회가 발전하고 교육이 중요해지면서 더 많은 책이 필요하게 되었다. 교육받아 글을 읽을 줄 아는 사람들이 늘면서 다양한 책에 대한 요구도 늘었다. 하지만 출판은 종교나 국가의 관리 아래에서 이루어졌다. 종교나 정책, 사상 등에 따라 지도층의 마음에 들지 않는 책은 검열당하기 일쑤였다. 그렇지만 통제는 완벽하지 않았고 사람들의 요구에 따라 여러 책이 유통되었다.

되살아난 서양 출판

중세의 출판과 출판인

13세기 고등 교육 기관인 '대학'이 생기면서 책이 필요한 사람이 많아졌고, 일반인의 책에 대한 관심도 커졌다. 중세에는 전문 기술을 배운 장인과 상인의 이익과 권리를 보호하기 위한 모임인 '길드'가 만들어졌는데, 책을 만들어서 판매하는 사람들은 종이와 필기도구 등을 취급하는 길드에 속했다.

중세 출판인은 대부분 권력과 재산을 가진 귀족이나 사회 지배층에 속했다. 문학과 예술에 대한 관심과 애정으로 작가를 후원하고 책을 출판한 이들이 있었으며, 자기 이름을 세상에 오랫동안 남기려는 생각으로 책을 내는 이들도 있었다.

작가는 책머리에 후원자를 칭송하는 아름다운 글을 넣고는 했다.

자신을 칭송하는 글이 책에 인쇄되면 세상에 영원히 이름이 남는다고 생각한 출판인은 책이 나오면 성대한 기념 파티를 열었다. 한편 출판인이 자신의 마음에 드는 책을 펴내기 위해 작가가 쓴 내용을 검열하기도 했다.

본격적인 서적상의 등장

오랫동안 책을 만들고 파는 사람은 구분되지 않았다. 15세기 인쇄술이 발명되어 책 생산이 늘어나면서 책을 만드는 일은 출판인이, 책을 파는 일은 서적상이 담당하게 되었다. 상인뿐 아니라 인쇄업자나 제본* 업자도 자신이 만든 책을 직접 팔았다.

서적상은 각 도시의 시장, 축제, 교회와 수도원을 찾아다니며 책을 팔았다. 이들은 자신이 어디에 얼마 동안 머물지, 판매하는 대표적인 책이 무엇인지 광고하고, 여관이나 시장에 임시 상점을 열어 자기가 가지고 온 책을 전시했다. 책의 가격은 정해져 있지 않았고, 돈을 내고 살 수도 있었으나 가치 있는 물건과 교환하기도 했다. 때로는 책을 보여준 다음, 사고 싶은 사람들에게 값을 정하게 하고 가장 높은 값을 부른 사람에게 파는 '책 경매'를 열었다. 책 경매는 축제의 흥미로운 행사가 되기도 했다.

---

* 낱장의 원고 여러 장을 하나로 묶고 표지를 붙여 한 권의 책으로 꾸미는 일.

16세기에는 일반 잡화점 한편에서 책을 팔기 시작했다. 오늘날 서점처럼, 책을 만드는 사람에게 직접 책을 싼값에 사서 사람들에게 좀 더 비싼 값으로 파는 상인도 생겼다. 이들은 여기저기를 돌아다니며 책을 파는 행상과 경쟁해야 했는데, 잡화점까지 가서 책을 사는 독자는 아직 그리 많지 않았다.

16세기 다양한 행상인을 담은 목재 판화집에 묘사된 서적상

출판의 성장과 검열

종교 개혁 이후 다양한 언어로 쓰인 책이 많아졌고, 읽을 수 있는 책이 늘어나면서 자연히 사람들은 책에 더 관심을 갖게 되었다. 그러나 교회는 종교적인 입장에 따라 책을 더욱 엄격하게 검열했다. 종교 개혁으로 새롭게 만들어진 개신교(프로테스탄트)가 많은 지역에서는 가톨릭 관련 서적을, 가톨릭 세력이 많은 지역에서

성 도미니코와 카타르족 사이의 분쟁으로 불태워지는 책 (페드로 베루게테)

는 개신교 서적을 금지했다.

영국은 1403년 인쇄업자, 서적상, 출판인들이 모여 서적출판업 조합*을 만들었고, 1557년 영국 왕실은 이 회사가 책의 판매를 맡도록 허가했다. 영국 왕실은 이 회사를 통해 책의 내용과 거래

오늘날 서적출판업 조합 문양
(The Stationer's Company)

를 통제했다. 서적출판업 조합에 공식적으로 이름을 올린 책만 합법적으로 사고팔 수 있었다. 그렇지 않은 책은 불법인 '해적판'**으로

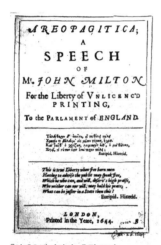

『아레오파지티카』 초판 표지

취급했다. 책의 내용이 왕실의 마음에 들지 않으면 서적출판업 조합에 등록할 수 없었다. 하지만 시간이 지날수록 조합에 등록하지 않은 해적 출판은 늘어가기만 했다. 1597년에는 존 단터라는 출판·인쇄업자가 윌리엄 셰익스피어의 『로미오와 줄리엣』을 조합에 등록하지 않고 출판했다. 1644년에는 표현의 자유를 찬양하고 출판

---

*   정식 명칭은 '고매한 서적출판 회사(Worshipful Company of Stationers)'다.

** 해적들이 배에서 훔친 물건을 육지로 가져와서 판매하는 데서 유래한 말로, 주로 불법 복제품을 판매하는 것을 의미하게 되었다.

허가제를 비판하는 내용을 담은 존 밀턴의 『아레오파지티카』가 해적판으로 출간되었다.

16세기부터 18세기까지 유럽에서 책의 검열은 당연하게 이뤄졌다. 오늘날까지 많은 이들이 읽는 당시 작품은 대부분 몰래 출판하고 판매한 해적판이다.

좋은 책을 만드는 데 집중한 출판인

출판인, 인쇄업자, 서적상 모두 책을 팔았다. 책 판매 경쟁에서 가장 뒤떨어지는 건 출판인이었다. 인쇄업자는 책을 직접 만드는 만큼 더 싼 가격에 책을 팔 수 있었고, 서적상은 여러 지방을 돌아다니며 많은 고객에게 팔 수 있었다. 결국 출판인은 책의 판매보다는 좋은 책을 만드는 데 더 힘을 쏟았다.

유명한 학자나 전문가에게 책의 내용을 미리 검토하게 해서 책의 권위와 정통성을 높였고, 글을 잘 쓰는 훌륭한 작가들에게 미리 돈을 주고 원고를 요청했다. 좋은 책을 만드는 데 많은 시간과 돈을 투자하게 되었다. 이런 노력 끝에 만들어진 책을 아무나 베낄 수 없도록 하는 권리가 중요한 문제가 되었다.

작품을 책으로 만들어서 판매할 수 있는 독점 권리를 '출판권(판권)'이라고 한다. 18세기 이전에도 출판인의 권리를 보호하는 규칙이 있었다. 예를 들어 영국의 서적출판업 조합에 등록된 책의 경우, 책의 내용을 고쳐서 낼 수 있는 권리는 책을 등록한 출판인에게 있었다. 출판인은 이 권리를 다른 사람에게 팔 수 있었다. 하지만 출판된 책의 해적판이 나오는 것을 강제로 막을 방법은 없었다. 해적판이 시장에 등장하고 사람들이 해적판을 구매해서 읽으면 출판인은 돈을 벌기 어려웠고, 작가도 원고료를 많이 벌 수 없었다. 지금과 같은 '출판권'이나 '저작권'은 19세기 이전에 존재하지 않았다.

북아메리카에서의 출판

영국의 식민지였던 북아메리카에서도 주요 도시를 중심으로 유럽과 비슷하게 출판업이 성장했다. 대서양 연안의 도시 보스턴은 출판업의 중심지였으며, 히즈키야 어셔라는 사람이 처음으로 보스턴에

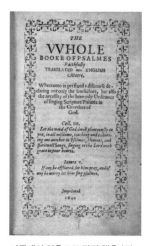

있는 자신의 잡화점에서 책을 팔기 시작했다. 가게를 물려받은 그의 아들은 책 판매를 더욱 확장했고, 이후 출판사도 만들었다. 당시 북아메리카에서는 출판사가 인쇄업도 함께 하는 경우가 많았지만 어셔 가는 인쇄업은 하지 않았다. 대신 작가들에게 출판사가 원하는 주제의 글을 쓰게 하고 인쇄업자에게 맡겨서 책을 만들어 가게에서 팔았다.

미국에서 처음으로 팔린 책 『시편』

식품, 옷, 생활용품 등을 취급하는 일반 잡화점 한쪽에서 책을 놓고 팔았고, 책을 만드는 대형 인쇄소에서도 직접 책을 팔았다. 집들이 띄엄띄엄 떨어져 있는 교외에서는 잡화점에 책을 두는 공간이 따로 없었다. 이 지역에서는 집집마다 방문하며 물건을 파는 행상인 '채프먼'이 책 판매에 중요한 역할을 했다. 채프먼의 영향력은 점점 커져서 출판사와 인쇄소의 강력한 경쟁자로 떠올랐다. 위기감을 느낀 보스턴 지역 출판인과 인쇄업자는 주 정부를 앞세워 '행상인 단속법'을 만들기도 했지만, 그 외의 지역에서는 적용되지 않아 행상인이 활동하는 데 큰 지장은 없었다.

새로운 책은 주로 유럽에서 만들어졌고, 북아메리카의 출판인들은 유럽에서 나온 책을 베껴서 출간했다. 출판물 저작권에 관한 법이 아직 북아메리카에는 제대로 도입되지 않았기 때문에 가능한 일이었다. 또한 북아메리카 출판인들은 교육 수준이 낮은 사람들이 좋아할 만한 재미있는 이야기를 팸플릿 형태의 작은 책으로 만들어 행상인에게 팔게 했다.

경매와 구독

책을 거래하는 방법으로 '경매auction'와 구독subscribe'도 있었다. 경매는 유럽에서 오랫동안 사용된 방식으로, 서적상끼리 책을 교환하는 수단으로도 활용됐다. 하지만 출판사가 책값을 정해두고 파는

행상인은 직접 재미있는 이야기를 만
들어 책으로 내기도 했다. 필라델피아
에서 행상으로 책을 팔던 메이슨 윔스
(1759~1825)는 초대 미국 대통령 조지 워
싱턴의 전기를 처음으로 쓰기도 했다.
윔스는 이 책에 "어린 워싱턴이 아버지가
아끼던 벚나무를 베어버린 다음 야단맞
을 것을 두려워하지 않고 정직하게 고백

메이슨 윔스가 쓴 워싱턴의 첫 번째 전
기(1810)'

했다"라는 이야기를 실었다. 훗날 이 이야기는 굉장히 유명해졌는데, 사실 이 이
야기는 실제 있었던 일이 아니라 윔스가 지어낸 것이라고 한다.

'정찰제'를 도입하고 경매는 점차 사라졌다.

구독은 책이 나오기 전에 미리 돈을 내고, 책이 나오면 받아보는 방
식이다. 구독은 고대부터 이어진 후원자 제도와 비슷한데, 소수의 후
원자가 큰돈을 내는 것이 아니라 많은 후원자가 돈을 조금씩 내는 것
이 다를 뿐이다. 책을 출판할 때 구독자(후원자) 목록을 인쇄해서 같
이 싣기도 했다. 18세기 무렵 구독자는 출판사와 가까운 근처 지역
주민이었지만 점점 독자가 늘어나고 출판 시장이 커지자 구독자의
범위도 커졌다. 영국 대형 출판사의 경우 미국이나 인도의 구독자도

생겨났고, 큰 출판사에는 구독자만 관리하는 담당 부서가 만들어지기도 했다.

그래도 어려운 출판

새 책을 내는 것은 쉽지 않은 일이었다. 큰 비용을 들여 새 책을 냈는데 잘 팔리지 않으면 출판인은 큰 손해를 보았다. 구독자에게 돈을 먼저 받는다 해도 사정은 다르지 않았다. 어떤 책은 구독 후 실제로 나오기까지 1년이 더 걸릴 때도 있었다. 그 사이 구독자가 사망하거나 구독을 취소하고 떠나는 경우도 많았다. 또 책 출간 시점이 늦어지면 처음 예상보다 돈이 더 들어 구독으로 받은 돈이 충분하지 않기도 했다. 게다가 오랫동안 책을 기다리다 지친 구독자들은 불평을 쏟아냈다.

출판의 전성기를 맞이한 중국

개인과 상인이 하는 출판

중국에서는 개인이 자기가 쓴 글이나 조상이 남긴 글을 직접 책으로 만들기도 했는데, 이를 집에서 인쇄한다는 뜻을 담아 '가각家刻'이라고 했다. 상인이 돈을 벌기 위해 책을 출판하는 것은 가게에서 인쇄하는 뜻으로 '방각坊刻'이라고 했다.

10세기 세워진 송나라의 경제가 발전하면서 종잇값이 싸졌고, 그 결과 방각이 크게 늘었다. 방각이 늘어나며 신분이나 지위와 관계없이 누구나 책을 살 수 있게 되었다. 일반 백성의 문자 해독 능력과 학문 실력도 높아졌다. 하지만 상인들이 장삿속으로 서둘러서 아무렇게나 만든 방각본은 잘못 인쇄한 글자, 빠진 글자도 많아서 읽기 힘들었다. 같은 책이라도 어느 시기에 어느 지역에서 출판한 것인가에 따라 그 품질과 내용이 달랐다.

방각본은 대부분 해적판이라서 작가도 자신의 책이 어디서 어떻게 팔리는지 알 수 없었다. 방각본이 널리 퍼지면서 새로운 작가들이 속속 나타나고 이름을 알리기도 했지만, 이미 이름이 난 학자나 문학가 중에는 자기 글이 제대로 알려지지 않는다고 불만을 품는 사람도 생겨났다. 송나라의 시인이자 정치가로 명성이 드높았던 소식(1037~1101)은 남에게 알리고 싶지 않은 자기 글이 마구 출판된다고 한탄했다.

다양한 출판물

유교 경전이나 문학 작품집 외에도 역사, 의학, 불경 등 다양한 내용을 다루는 책이 출판되었다. 정치 세태를 비꼬거나 정책을 비판하는 글, 정부 관리를 비난하는 글, 사실로 확인되지 않은 각종 소문, 자신과 반대 의견을 가진 사람을 공격하는 글도 책으로 만들어졌다.

특히 과거 시험 합격자의 답안이 큰 인기를 끌었다. 합격자가 발표되면 장원 급제자의 답안이 바로 인쇄되었고, 장사꾼은 거리에서 큰 소리로 홍보하며 답안을 팔았다. 처음에는 장원의 답안 중 소리 내서 읽기 쉬운 '부賦'만 찍어 팔았지만, 점차 과거 시험 합격자의 답안 전체를 엮어서 모범 답안 책을 만들어 팔았다.

민간의 출판을 제한하다

민간에서 활발하게 책을 출판하고 판매하자 이를 단속하려는 움직임도 나타났다. 일부 유학자는 '공부하는 학생에게 필요하지 않거나 때로는 모범으로 삼을 수 없는 내용의 책은 배우는 사람에게 그릇된 영향을 끼친다'라고 생각했다. 그래서 관청의 허락을 받지 않고 함부로 책을 펴내면 벌을 주어야 한다고 주장했다. 이들은 책 출간이나 학문 연구는 소수의 엘리트가 해야 수준이 높아지고, 단순히 책이 많아지기만 하면 오히려 학문이 엉터리가 된다고 주장하기도 했다.

결국 11세기에는 책을 출판하기 위해서 지방 관청의 허락을 받아야 했다. 12세기 초에는 유학을 제외한 제자백가의 사상을 책으로 내는 것을 금지했고, 민간에서 출판하는 과거 시험 참고서도 학문에 방해가 된다고 금지했다. 이처럼 나라에서는 수시로 민간 출판(방각)을 금지했지만 실제로는 효력이 없었고, 수많은 새로운 책이 세상에 모습을 드러냈다.

서점의 등장

초기에 출판인과 서적상은 뚜렷이 구분되지 않았다. 서적상은 대부분 출판도 겸했다. 한 달에 몇 번씩 정기적으로 시장 한쪽에 자리를 깔거나 수레를 가져다 두고 책을 팔았다. 여러 종류의 책을 가져다 판 것은 아니고, 잘 팔릴 만한 책이나 인기 있는 책 한두 종류를 수백 부

정도 만들어서 팔았다.

이후 점포가 있는 서점도 생겨났는데 종이, 판화 등을 인쇄하고 판매하는 일도 겸했다. 책을 파는 사람은 대부분 유학을 공부했거나, 기본적인 학문과 지식을

청명상하도에 그려진, 그림과 책을 파는 서점

갖춘 사람이었다. 이렇게 책을 만들고 판매하는 곳이 늘어났지만, 사람들은 여전히 필요한 책이 생기면 남에게 빌린 다음 베껴서 마련했다.

전문성을 갖춘 출판인

출판인은 주로 도시에서 활동했다. 이들은 다른 사람이 내고자 하는 책을 대신 만들어 주거나, 국가나 관청에서 책을 만드는 사업에 참여하기도 했다. 시골에서는 책을 구하기 어려웠다. 국가에서 발행한 책도 주로 중앙 정부의 고위 관리들이 가져가서 지방 관청까지 내려가지 못했다.

13세기 초에는 제대로 된 출판인이 등장했다. 이들은 활발하게 책을 출판하고, 많은 서적을 보관해 두고 팔았다. 학식이 높은 출판인은

관리와 학자들에게 숨겨 놓은 희귀한 책을 찾아주고, 정부에서 필요로 하는 책도 구해주었다. 이런 공을 세운 출판인이나 서적상은 비록 높은 자리는 아니지만 관직을 받기도 했다.

출판이 돈벌이가 되자 인기 있는 책을 마구잡이로 베껴서 판매하는 일도 생겨났다. 자기가 먼저 만들어 판매하던 책을 다른 사람이 멋대로 베껴 판매하는 바람에 손해를 본 출판인은 관청에 호소했고, 일부 지방 관청에서는 같은 책을 다시 출판하는 일을 금지하기도 했다. 하지만 법으로 정해진 것은 아니었다.

송나라의 대학자이며 유학을 정리해서 성리학을 창시한 주자도 자기가 쓴 책을 출판해서 판매했는데, 다른 사람들이 마음대로 다시 출판하는 것을 막아달라고 관청에 요청하기도 했다. 당시에는 상업을 천한 직업이라고 여겨 유학을 공부한 사대부는 장사를 멀리했다. 하지만 주자가 직접 책을 출판, 판매한 것을 보면 책을 만들고 파는 일은 다른 장사와는 다르게 여겼던 것 같다.

송나라 이후, 어려워진 출판

송나라 이후 원나라를 거쳐 명나라 초기까지 출판은 성장하지 못했다. 원나라 말기에는 끊임없는 전쟁과 혼란으로 백성의 삶이 어려워져서 책을 살 여유가 없었다. 그나마 출판되는 책은 주로 경전과 의학서와 같은 실용 서적뿐이었다.

주자학이 주요 사상으로 자리 잡은 것도 출판 쇠퇴에 영향을 미쳤다. 지식인들은 폭넓은 독서를 통해 새로운 학문을 탐구하기보다는 주자가 해석해 놓은 성인의 가르침만을 따르고자 했다. 학자들은 '백해무익한 책이 쓸데없이 많다'라고 생각했고, 과거 시험도 주자학 위주로 치러졌다. 이런 풍토는 명나라 초기까지 이어졌다.

송나라 때와는 달리 개인이 책을 출판하기 몹시 어려웠다. 유명한 학자나 높은 직위의 관리 정도만 관청의 도움을 받아 간신히 책을 낼 수 있었다. 이런 어려움 속에서도 뜻이 맞는 사람끼리 돈을 모아 책을 출판하기도 했다. 문학가로 유명한 도종의는 친구들 36명의 도움을 받아 『서사회요』라는 책을 출판했다. 이 책을 출판하기 위해 모인 이들은 한 사람당 약 3,000문 정도를 부담했는데 지금 돈으로 2,250만 원에 달한다.* 출판에 들어간 전체 비용은 8억 원이 넘는다.

다시 부흥하는 출판

출판은 15세기 말이 되어서야 다시 활력을 얻었다. 주자학만 고집하던 지식인들은 다른 고전 학문에도 눈을 돌리기 시작했다. 『사기』를 비롯한 고전이 다시 발간되고, 이전에는 금지되었던 사상에 관한 책도 나왔다.

※ 당시 농촌 일당이 20문 정도로, 3,000문은 약 150일 치 임금이었다. 오늘날 농촌 하루 일당이 약 15만 원이므로 150일 치 임금을 계산하면 2,250만 원이다.

대표적인 것이 묵자의 사상이다. 춘추 전국 시대의 사상가 묵자는 '사람을 차별하지 말고 모두를 공평하게 사랑해야 한다'는 '겸애'를 주장했다. 묵자의 사상은 유학자들에게 이단으로 취급되었고, 송나라 때에도 책으로 나오지 못했다.『묵자』는 1552년이 되어서야 금속활자로 인쇄하여 처음 출판되었다. 종이 생산이 늘고, 인쇄비가 줄어든 것도 큰 영향을 미쳤다.

과거 시험을 볼 수 있는 자격을 가진 학생인 생원도 많아져서 수험 서적 출판도 활발해졌다. 과거 시험이 치러지는 북경에서는 수많은 서적상이 학생들에게 책을 팔았다.

서점의 발전

서점은 16세기 중반에 점포로 확실하게 자리 잡았다. 물길을 통한 교류와 상업 활동이 활발한 지역에는 책을 배에 싣고 강을 따라 포구에 들리는 이동식 서점인 '서선'도 있었다. 책을 사려는 사람들은 미리 포구에서 기다리다가 서선이 도착하면 원하는 책을 구매했다. 16세기 후반에는 강남 지역의 출판이 빠르게 성장해서 북방 지역의 서적상이 일부러 강남에서 만든 수험용 참고서를 가져다 팔기도 했다.

서적상은 동네에서 주민들에게 한두 부씩 책을 파는 소매상 '문시'와 각 지방의 서적상과 다량의 책을 거래하는 도매상 '태객'으로 나뉘었다. 17세기에는 각 지방의 중심 도시에 서점이 모인 책방 거리가 생겨났다.

책 전문가, 서적상

서적상은 사대부나 부유층이 원하는 책을 찾아주었다. 오랜 기간 출판을 하고 서적 거래를 해온 서적상, 책방 주인은 학자 못지않은 책 전문가였다. 수많은 책 더미 속에서 가치 있는 책을 찾아내 필요한 사람에게 소개하는 일을 전문적으로 하는 감정가나 중개인도 있었다. 이들은 학자는 아니지만 뛰어난 지식을 갖추고 있었으며, 그중에는 하급 관리도 있었다.

늘어난 상업 출판과 판권 문제

명나라 초기에만 해도 인쇄한 책(각본)보다 손으로 베껴 쓴 책(초본)이 많았다. 그러나 책 제작 방법이 발전하며 명나라 말기에는 인쇄본과 필사본의 비율이 8:2가 되었다. 이제 '책'은 인쇄한 '각본'을 가리키는 말이 되었다.

명나라 말기 17세기에는 고전 작품 수요가 늘고 독자층도 넓어졌다. 어엿한 학자이자 하급 관리인 사대부도 돈을 벌기 위해 책을 출판했다. 돈벌이를 위한 출판이 늘면서 판권이 중요해졌다.

17세기에 자기가 출판한 책을 다른 사람이 허락 없이 다시 내면 관청에 고소하는 일이 많았다. 큰 출판사는 책 안에 '이 책의 내용을 함부로 베끼거나 허락 없이 출판하면 엄한 조치를 세워서 싸울 것'이라고 경고하는 글을 싣기도 했다.

유안기라는 출판인은 『당유함』이라는 책을 출판한 다음, 거짓으로 도난당했다고 신고했다. 다른 사람이 이 책을 만들어 팔면 도둑으로 처벌받도록 하려는 의도였다. 그렇다고 해서 다른 출판인이 도둑 출판하는 것을 완전히 막지는 못했다. 그러나 판권이 중요하다는 생각은 널리 퍼졌다.

다양한 책을 활발히 출판하다

싼값에 인쇄가 가능해지자 책값도 내렸다. 책값이 내려가자 독자가 늘고, 출판과 서적 거래도 활발해졌다. 경전이나 문학 작품뿐 아니라 『삼국지연의』, 『서유기』, 『수호전』, 『금병매』와 같은 통속 소설, 삽화가 들어간 소설, 그림책 등도 인기 있었다.

더 이상 사대부 같은 지식인만 책을 읽는 것이 아니었다. 장사로 먼 길을 떠나는 상인은 책을 가지고 다니며 틈틈이 읽었다고 한다. 명나라의 정치가이자 학자, 사상가인 왕수인(왕양명)은 새로이 '양명학'을 주창했는데 '즐거움을 위해 책을 읽는 것'을 중요하게 생각하고 학문의 실용성을 강조했다. 이에 따라 다양한 사상을 담은 책, 다른 사람의 의견을 비판하는 책, 정치적 주장을 내세운 책 등도 출판되었다.

명나라의 뒤를 이은 청나라 때에도 출판업에 큰 변화는 없었다. 책을 많이 수집한 장서가 중에는 자신이 보관한 책을 다시 편집하고 교정해서 찍어내는 사람도 있었다. 출판의 중심에는 돈을 벌 목적으로 책을 만들어 파는 민간 출판인과 서적상이 있었다. 이들은 경전, 역사책, 희곡, 소설, 의학책 등 다양한 종류의 책을 펴냈는데, 출판이 단순히 돈벌이를 넘어 '세상에 덕을 쌓아 자신의 이름을 영원히 남기는 일'이라고 생각했다.

고려부터 조선 시대까지, 출판과 서적 판매

국가에서 주도한 출판

통일 신라 말기 각 지역 호족이 반란을 일으켜 국가를 세웠다. 후백제, 태봉, 신라 등이 끊임없이 전쟁을 벌였고, 전란으로 인해 고려가 세워질 무렵에는 신라에서 펴냈던 책들은 거의 사라지고 없었다. 이에 성종은 책을 수집하고 필사본을 만들었다. 11세기 무렵에는 과거 제도가 자리 잡았고 학교도 많이 생겼다. 과거를 준비하는 학생이 늘면서 많은 책이 필요해졌고 출판도 활발해졌다.

출판은 '전교시'*라는 관청에서 담당했다. 전교시에서는 경전의 인쇄와 출판, 보급, 국가 제사에서 읽는 축문 작성, 각종 도장을 새기는

---

* 내서성, 비서성, 비서감, 전교사 등의 이름을 쓰다가 바뀐 이름이다.

일 등을 담당했다. 지방 관청에서는 중앙 정부의 명령을 받아 목판을 제작하고 책을 인쇄해서 바쳤다. 1101년 숙종 때에는 당시 '비서성'에 쌓여있는 책의 목판이 망가지자 '서적포'라는 관청에 목판을 옮겨 보관하고, 책을 인쇄해서 보급했다.

불교 경전의 출판

고려의 일상은 불교가 지배했다. 불교 사찰(절)은 막대한 토지와 노비를 거느렸다. 목판 인쇄는 많은 돈이 들어서 개인이 목판 인쇄로 책을 만들기는 어려웠다. 하지만 절은 부유해서 목판 인쇄로 불경을 간행할 수 있었다.

사찰에서 펴낸 대표적인 책은 모든 불경을 모아 놓은 '대장경'이다. 1011년 거란의 침입을 종교의 힘으로 이겨내고자 처음으로 대장경을 편찬하기 시작하여 1087년 『초조대장경』을 완성했다. 1051년부터 1102년까지는 대각국사 의천이 주도해 대장경에 관한 연구와 해석을 수집해서 『교장』(또는 『속장경』)을 펴냈다. 가장 유명한 대장경은

해인사에 보관 중인 『팔만대장경』 목판

『재조대장경』, 다른 이름으로『팔만대장경』이다.『팔만대장경』은 부처의 힘으로 몽골군의 침입을 물리치고자 하는 바람을 담아 1237년 목판을 만들기 시작해서 1251년에 완성되었다. 불경을 새긴 목판의 수만 8만 1천여 개에 달한다. 또한 1377년 주 흥덕사에서는 세계 최초의 금속 활자본으로 만든『직지심체요절』*을 펴냈다.

혼란스러운 시대에 파괴된 책

활발하게 이루어지던 출판은 여러 사건을 거치며 위축되었다. 1126년 외조부였던 이자겸이 권력을 독점하자 인종이 이자겸을 몰아내려 공격하는 사건이 벌어졌다. 이 사건으로 궁궐에 불이 나서 많은 책이 타버렸다. 또한 문신에 비해 차별받던 무신이 일으킨 난(무신정변)으로 학문을 중시하던 문관들이 죽임을 당하기도 했다. 몽골이 침입하고서는 미처 안전한 곳으로 옮기지 못한 책들이 불타 없어졌다. 고려가 몽골에 항복하여 전란이 멈추고 나서야 없어

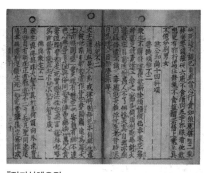

『직지심체요절』

---

* 『직지심체요절』은 1900년경 프랑스 외교관이 발견하여 프랑스로 가져갔으며, 1950년부터 프랑스 국립도서관에 보관 중이다.

진 책을 중국에서 수입해서 보충하는 등 책을 다시 모을 수 있었다.

고려 말에는 불교가 아닌 성리학을 국가의 기본 사상으로 삼고자 하는 신흥 사대부 세력이 성장했다. 특히 이성계를 도와 조선을 건국한 정도전(1342~1398)은 유학 서적을 대량으로 인쇄하고 출판해서 선비들에게 널리 읽혀야 한다고 주장했다.

조선의 출판을 담당한 교서관

18세기 말까지 조선 왕조의 출판은 전적으로 국가가 맡고 있었다. 태조 이성계는 조선을 건국하자마자 '교서감'을 만들었다. 교서감은 국가 제사 때 축문을 작성하고, 책을 만들며 원본과 인쇄본을 대조해서 잘못된 글자를 고치고, 빠진 글을 채우고, 인쇄에 필요한 목판을 보관하는 등 출판과 제작에 관련된 일을 담당했다. 교서감은 훗날 '교서관'으로 이름이 바뀌었고, 조선 후기 정조 때 규장각에 합쳐졌다. 교서관의 책임자는 보통 높은 직위의 관리가 겸임했으며 실제 책 만드는 일은 실무 관리와 장인의 몫이었다.

15세기 초, 교서관은 조선 출판의 중심이었다. 약 200명의 실무자가 인쇄, 제본, 출판을 처음부터 끝까지 책임졌다. 이들은 규장각에 편입된 후에도 조선 말기까지 책을 만들었다.

세종에서 성종에 이르는 시기에는 경전, 역사, 문학 서적 외에도 과학 기술, 언어, 음악, 농업, 병법, 천문, 법률 등 다양한 내용을 담은 책이 출판되었다. 성종 때에는 고려에서 조선 초까지의 각종 법률을 종합한 『경국대전』, 조선 팔도와 서울, 개성 등 주요 도시의 지도와 풍속, 주요 건축물, 유명한 인물 등을 망라한 지리서 『동국여지승람』, 고대부터 고려 말까지 역사를 종합한 『동국통감』 같은 서적을 출판했다.

한글 창제와 언해본

우리나라에서 책은 한자로 쓰였다. 중국의 글자인 한자는 배우기 어려워 양반만 공부했고, 일반 백성은 이해하지 못했다.

1446년 세종은 배우기 쉽고 효율적인 소리 문자 '한글'을 만들어 세상에 알렸다. 비로소 우리 글로 뜻을 전할 수 있게 된 것이다. 한글은 '언문'이라고도 했다. 한자로 된 책을 한글로 바꾼 '언해본'이 등장했는데, 언해본으로 가장 많이 출판된 책은 불경이었다. 1447년에는 불교 경전을 한글로 바꾼 『석보상절』이 출판되었으며 왕실을 중심으로 한글로 번역한 불경 책을 활발하게 펴냈다.

또한 국가는 백성들에게 도

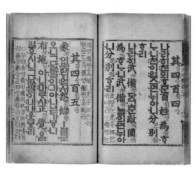

『석보상절』과 『월인천강지곡』을 합편한 『월인석보』 권20(국립중앙박물관), 초기 훈민정음의 모습을 그대로 보존하고 있다

덕과 윤리를 가르치기 위해『삼강행실도』와 같은 책을 한글로 펴내는 데 힘썼다.『삼강행실도』에는 모범으로 삼을 만한 충신, 효자, 열녀의 사례가 실려 있었지만 한자로 쓰여 지금까지 일반 백성은 읽을 수 없었기 때문이다. 『삼강행실도』 언해본은 1481년 처음 나와 조선 왕조 내내 출판, 보급되었다.

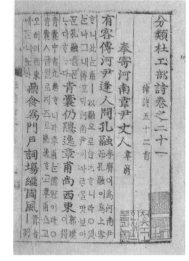

『두시언해』(1481)

중종 때는 도적이 들끓고 민심이 이탈하면서 '충'과 '효'와 같은 유학의 도리를 가르칠 필요가 더욱 커졌다. 1511년에는 2,940질이나 되는 많은 양의『삼강행실도』를 인쇄해서 널리 보급했다. 이는 조선 시대 최대 규모였다.

농법이나 의학 서적 언해본도 출판되었다. 1461년에는 누에를 치는 일을 다룬 책『잠서』언해본이 출판되었다. 세종 때 편찬한 의학서 『향약집성방』 언해본도 1490년 무렵 출판되었다. 1481년에는 중국의 대표적 시인 '두보'의 시를 번역한『두시언해』를 출간했다.

조선 시대의 출판

책은 지식을 전달하고 확산하는 귀중한 도구였다. 국가는 책으로 학문과 사상을 통제할 수 있었다. 조선 시대에도 출판은 국가가 전적으로 주도했다. 어떤 책을 얼마나 찍어낼지는 왕이 결정했다. 신하가 왕에게 출판할 책을 건의하면 왕이 허락하는 방식이었는데, 세종이나 정조처럼 학문을 좋아하고 학식이 뛰어난 왕은 출판할 책을 직접 고르기도 했다.

지방 관청에서도 책을 출판했다. 조정에서는 지방 관청에 명령을 내려 '사서삼경' 등 필수 유교 경전을 출간하도록 했다. 지방 관청에서는 책을 만들어 수도로 올려 보냈다. 전국에 배포해야 하는 책은 조정에서 원본 1~2부를 지방으로 내려보내면 각 지방 관청에서 이를 목판으로 새기고 인쇄해서 보급했다. 지역 교육에 필요한 책이 있으면 조정의 허락을 받아 출판하기도 했으며, 때로는 관찰사의 결정으로 책을 출판하기도 했다. 하지만 다른 지방에서 낸 책을 또 출간하는 것을 막기 위해 조정에 미리 보고해야 했다.

출판된 책의 유통

19세기까지 조선에는 돈을 받고 책을 파는 서점이 없었다. 책은 교서관에서 만들어서 왕실, 궁중 도서관, 중앙 관청, 교육 기관에 배포되는 것이었다. 지방 관청과 교육 기관에도 내려보냈다. 개인에게 책을 나눠 주는 것은 '반사'라 했는데, 왕은 신하들이 만들어 올린 명단에서 책을 하사할 사람을 골랐다. 하지만 이런 식으로 책을 구할 수 있는 사람은 극히 적었다.

책을 읽으려는 사람들은 교서관이나 지방 관청에서 책을 빌려 보거나, 원본을 베껴 필사본을 만들었다. 드물지만 개인끼리 물물 교환으로 책을 거래하거나 중개인을 앞세워 다른 사람에게서 책을 사기도 했다. 고위 관리는 교서관에 따로 돈을 내고 부탁하여 자기가 소장할 책을 찍기도 했고, 지방 관청에 보관된 목판본을 빌려서 자기가 마련한 종이와 먹으로 책을 만들기도 했다.

목판 활자나 금속 활자로 인쇄한 책도 많았지만, 손으로 베낀 필사본 수도 그에 버금갔다. 필사본을 만들려는 사람은 글씨를 잘 쓰는 가족이나 친지에게 부탁하거나, 관청에서 글씨를 쓰는 전문가나 글씨체가 좋은 사람에게 돈을 주고 책을 베끼게 했다. 이런 식으로 다양한 책이 만들어졌지만, 많아야 한 번에 수백 부 정도를 만드는 데 그쳤다.

당시 사람들은 책을 '상품'으로 생각하지 않았기 때문에 책을 사고 판다는 생각도 하지 않았다. 수도 적고 값도 비싼 책은 거의 유통되지 않았다. 중종에서 명종 시기에 책을 파는 '서점'을 만들자는 주장이 있었지만 실제로 생기지는 않았다. 단지 책 거래를 주선하고, 거래가 이루어지면 수수료를 받는 '책쾌'라는 중개인이 있었다는 기록이 남아 있을 뿐이다. 이를 통해 민간에서 책을 사고팔기도 했음을 알 수 있다.

너무 비싼 책

조선시대 책은 매우 적었으며 값도 비쌌다. 종이는 귀했고, 목판에 글자를 새기는 데는 많은 노동력이 들어갔으며, 인쇄용 금속 활판을 만드는 데 필요한 구리도 구하기 힘들었기 때문이다. 따라서 극소수 지배층 양반만 책을 가질 수 있었다.

『대학』이나 『중용』처럼 200~300쪽 책 한 권 값은 대략 면포 3필이었다. 면포 1필은 쌀 5말 정도의 가치가 있었으니, 책값은 쌀 15말에 해당한다. 보통 농촌에서 일하는 사람의 1년 품삯이 쌀 15말 정도였다는 것을 생각하면 어마어마한 가격이다. 꼬박 1년을 일해 겨우 책 한 권을 살 수 있을 정도였던 것이다. 주자의 저술을 모아놓은 『주자대전』은 총 100권에 달하는 대작인데, 이런 책은 면포 50필을 주고도 구하기 어려웠다고 한다.*

전란을 겪고 다시 살아난 출판

임진왜란을 겪으면서 조선은 국가에서 보관하던 책을 많이 잃었

---

* 조선 중기 성인 남자는 매년 군인으로 복무하지 않는 대신 세금으로 면포 2필을 바쳤다. 면포 50필은 25년 치 세금에 해당했다.

다. 왜군은 조직적으로 조선의 책을 약탈해 갔고, 전쟁의 여파로 불타 버리거나 파괴된 책도 많았다. 지방 관청에서 보관하던 목판도 대부분 없어졌다. 왕이 신하와 함께 학문을 논의하

여러 사고 중에서 전주사고에 보관하고 있던 『조선왕조실록』만이 임진왜란의 화를 면했다. 복원한 전주사고. (한국민족문화대백과사전)

는 '경연'에서 읽을 책을 구하기도 어려웠다. 책이 없어 과거 시험을 치르기도 힘들 정도였다.

전쟁이 끝나고 조정에서는 전국 방방곡곡 남아 있는 책과 그림을 모았고, 중국에서 책을 대량으로 수입하고, 출판에도 다시 힘을 기울였다. 좋은 책을 나라에 바쳐 벼슬을 얻는 사람도 있었다. 목판이나 금속 활자가 다 없어져 사서삼경 등 학문의 기본이 되는 중요한 서적만 간신히 인쇄할 수 있었고, 정조 시대에 이르러서야 다시 인쇄와 출판이 제자리를 찾았다.

책의 수입과 수출

조선 시대에는 중국에 가는 사신 편으로 책을 들여왔다. 중국 황제가 하사한 책도 있었고, 공식적으로 허락을 받아서 들여온 책도 있었

『자치통감』 (중국 국립도서관)

다. 때때로 사신이 개인적으로 북경 서점 거리에서 책을 사 오기도 했다. 주로 경전이나 역사책을 들여왔으며 의례서, 문학서, 의학서, 지리서와 같은 실용적인 책도 수입했다. 특히 송나라 때 사마광이 지은 역사책 『자치통감』이 인기였다.

일본에 책을 수출하기도 했다. 일본에서 주로 원했던 책은 대장경을 비롯한 불경이었다. 일본의 바쿠후*가 조선 조정에 대장경을 보내달라고 요청하면 왕이 하사하는 방식으로 수출이 이루어졌다. 바쿠후 외에도 일본 각지의 영주들이 저마다 불경과 대장경을 보내달라고 부탁했다. 조선 조정과 사이가 좋았던 영주는 불경을 하사받기 쉬웠다.

돈을 벌기 위해 만든 책, 방각본

조선 후기가 되면 비로소 민간에서 돈을 벌기 위해 만든 책인 '방각본'이 등장했다. 일반 상식, 농사법, 편지 쓰는 법 등을 담은 실용적인 책, 아동을 가르치기 위한 학습 교재, 유교 경전과 경전을 해석한 책,

---

* 왕 대신 나라를 통치하던 일본 기관으로 바쿠후의 통치자를 '쇼군'이라 불렀다.

소설처럼 재미를 주는 책 등이 방각본으로 나왔다.

가장 오래된 방각본은 1576년 출판된 『고사촬요』*다. 『고사촬요』
는 외교와 일반 상식을 모은 백과사전 같은 책이다. 이 책은 어숙권이
1554년 편찬했으며, 이후 18세기까지 12번이나 간행되었다. 하급 관
리와 일반 백성도 자주 찾았다. 1576년 출간된 『고사촬요』의 간기에
는 1576년 7월이라는 날짜와 함께 "수표교 아래 북쪽 이제리 수문 입
구에 사는 하한수의 집에서 목판으로 새겼으니 살 사람은 찾아오라"
라는 광고가 실리기도 했다.

조선 후기로 갈수록 정부에서 출간하는 '관판본'만으로는 사람들
이 원하는 책을 충분히 공급할 수 없었다. 지방에서는 과거 시험에 꼭
필요한 유학 경전도 구할 수 없었다. 부족한 책을 공급하려면 민간이
출판에 뛰어들어야 했다. 인구 증가로 책 읽는 사람이 늘고, 경제 발

＊ 고사촬요는 '어숙권'이 1554년 편찬했으며, 이후 18세기까지 12번이나 간행되었다.

전으로 시장이 활기를 띠면서 책이 시장에서 거래되기 시작했다. 또한 한글 방각본 책이 많이 나왔는데, 주로 일반 백성도 읽을 수 있는 실용서와 소설 같은 흥미 위주의 서적이었다. 뛰어난 영웅이 등장해 어려움을 극복하고 활약하는 '영웅소설'이 최고 인기를 끌었다. 방각본은 19세기 후반 납 활자 인쇄가 시작되며 사라져갔다.

근대 출판과
서적 판매

근대 출판인과 서적상은 서로의 이익을 지키기 위해 함께 힘을
모아 단체를 만들었다. 전문 직업인이 된 이들은 법을 제정하고
사업 확장을 위해 교류의 장을 열었다. 서양과 교류하게 된 동아
시아에도 새로운 형식의 출판이 도입되면서 더욱 다양한 책이
만들어졌다.

근대 유럽과 미국의
출판인과 서적상

책과 관련한 근대의 직업

19세기 유럽과 미국의 출판 및 서적 판매업에 커다란 변화가 일어났다. 산업 혁명으로 인해 책의 대량 인쇄가 가능해졌고, 책값은 싸졌다. 업무가 세분화되면서 출판, 인쇄, 서적 판매가 서로 다른 직업이되어 전문적으로 발전했다.

인쇄업자는 책, 신문, 잡지, 홍보물 등 다양한 인쇄물을 찍어내는것이 주 업무가 되었다. 출판업자는 새로운 작가를 발굴하고, 독자들이 좋아할 만한 내용의 좋은 원고를 책으로 만들어 발행하는 데 집중했다. 책을 독자에게 판매하는 것은 서점과 서적상의 몫이었다.

독일 출판인과 서적상 연합회의 탄생

1825년 독일 전역의 출판인과 서적상이 라이프치히에 모여 '독일 출판인과 서적상 연합회 Börsenverein'를 결성했다. 이들은 출판 산업과 관련된 상거래 규칙을 만들었다. 출판인과 서적상은 책 가격을 얼마로 책정할지, 구매자에게 얼마나 깎아 줄지 등을 계약으로 정했다. 연합회는 매년 큰 규모의 책 박람회를 열었고, 출판인과 서적상은 이 박람회에 모여 필요한 책을 거래했다. 또한 매주 '상거래 신문'을 발간해서 새롭게 출판된 책을 소개했다. 얼마 지나지 않아 라이프치히는 유럽 출판과 책 거래의 본고장이 되었다.

독일은 1848년에 책 내용을 검열하던 제도를 없애고, 1870년에는 일정 기간 저작권을 보호하는 법을 만드는 등 출판 분야에서 앞서 나갔다. 라이프치히에 처음 자리 잡았던 연합회는 제2차 세계 대전 이후 프랑크푸르트로 본거지를 옮겼으며, 프랑크푸르트는 라이프치히의 뒤를 이은 유럽 출판의 중심으로 자리 잡았다. 지금도 매년 가을 프랑크푸르트에서는 전 세계 출판 관련인이 모여 책 박람회를 열고 있다.

프랑크푸르트의 독일 출판인과 서적상 연합회 건물

매년 10월 프랑크푸르트에서는 전 세계에서 수많은 출판인, 작가, 예술가, 서적상이 모이는 세계 최대 규모의 도서전시회가 열린다. 책, 만화, 달력, 잡지, 신문, 지도 등 수많은 출판물을 전시하고, 한 나라를 주빈국으로 정해 그 나라의 출판산업과 문화를 소개하고, 다양한 공연, 토론회 등을 개최한다. 도서전시회는 5일간 열리는데, 개막 후 3일은 출판업 관련자만 참석해서 서로 책을 거래하고, 2일간은 일반인도 방문할 수 있다. 2022년에는 전 세계 7,300여 개 기업이 참여했고 관람객은 30만 명에 이르렀다.

2023년 75회를 맞이한 프랑크푸르트 도서전시회 홈페이지
(https://www.buchmesse.de/)

유럽 출판 정책의 변화

독일 외의 다른 유럽 국가도 검열 제도를 철폐하고 책 출판과 거래 관련 법률을 정비했다. 독일에서는 연합회의 주도로 책을 어디서나 같은 값에 파는 '정가제'가 실시되었지만, 프랑스나 영국 등 다른 유럽 국가는 오랫동안 정가제를 도입하지 않았다. 정가제가 적용되지

않으면 출판사가 정하는 책값이 큰 의미가 없었다. 책을 파는 사람이 그때그때 가격을 마음대로 정해 팔았기 때문이다. 20세기 초가 되어서야 대부분 유럽 국가에 출판인과 서적상 조합이 만들어졌고 이들이 상거래 규칙을 정했다. 조합은 규칙을 어기는 서적상에게는 책값을 할인해 주지 않거나 때로는 아예 거래를 막아버리기도 했다.

유럽 사람들은 책을 신학, 철학, 문학을 교육하는 매개로 매우 귀하게 여겼다. 특히 독일에서는 책을 판매하기 위해서도 전문 교육을 받아야 했다. 우선 2~4년 동안 다른 서적상 밑에서 도제로 생활했다. 이 시기에 책 판매에 관한 자세한 업무를 배웠다. 출판인이 되기 위해서도 도제로 들어가서 책을 만드는 방법이나 책이 팔리는 경로 등을 구체적으로 공부했다. 라이프치히에는 '서적 판매 학교'가 세워졌고 이곳에서는 출판 이론과 서적 판매법을 가르쳤다.

출판인과 서적상은 고도로 훈련된 전문가이면서 동시에 학문과 문학을 사랑하는 열정을 가진 사람이 많았다. 이들 중에는 의학, 법학, 신학 등의 분야에서 이름을 날리는 학자도 있었다. 서적상들은 큰 도시마다

런던의 '뮤즈들의 신전' 광고(1809)

특정 주제를 다루는 전문 서점을 만들었고, 출판인들은 서점을 통해 대중에게 책을 팔았다. 여전히 독자에게 책을 직접 판매하는 출판인도 있었지만, 그 수는 갈수록 줄어들었다.

미국의 출판

미국의 사정은 유럽과 달랐다. 미국에서는 유럽과는 달리 출판인과 서적상이 장사꾼으로 취급받아 안정적이고 존경받는 직업은 아니었다. 미국의 초기 출판인은 새로운 책을 만들어 팔기보다는 유럽에서 출판된 책을 가져다 싼값에 인쇄한 해적판을 팔았다. 이들은 저작권법을 국제적으로 적용하려는 움직임에 반대했다.

서적상은 책만 판 것이 아니라 식료품, 생활용품 등 잡화를 팔면서 책도 함께 팔았다. 미국에서 책은 '미끼 상품'으로 인기가 있었다. 큰 백화점에서는 책을 아주 싸게 판다고 선전하면서 고객을 모았다. 뉴욕 메이시 백화점은 정해진 책값을 깎아 주지 못하게 막는 출판 협회를 고소하기도 했다.

필라델피아의 토마스 엘우드 채프먼의 서점 광고(1847)

1850년대 조지 G. 에반스 상점 광고

『페니 매거진』(1832)

19세기 중반 이후 많은 미국인이 광활한 미개척지인 서부로 진출하면서 출판인도 서부로 이동했다. 신시내티가 새로운 출판 중심지로 떠올랐으며, 태평양 연안의 샌프란시스코가 서부 지역 서적 판매의 중심이 되었다. 서부는 동부보다 경쟁이 덜했기 때문에 책만 파는 서점을 열 수 있었다. 신문, 잡지, 팸플릿, 연감*과 같은 새로운 형태의 출

---

* 어떤 분야에서 일 년 동안 일어난 사건, 통계 등을 기록해서 일 년에 한 번씩 펴내는 책.

판물이 인기를 끌었다. 팸플릿과 연감
은 매주 발행되는 주간 잡지(주간지)로
발전했다. 작가들은 매주 주간지에 글
을 연재하기도 했다. 싼값의 주간지는
우편 제도가 발달한 미국 전역으로 퍼
져나갔다.

신시내티의 19세기 풍자 타블로이
드『샘 더 스카라무치』

미국 출판인과 서적상의 변화

유럽인에게 미국 출판인은 자신들이 낸 책을 마구 베껴서 팔아 돈
을 버는 범죄자나 마찬가지였다. 하지만 19세기가 지나면서 미국에
도 유럽과 비슷한 상거래 규정이 생겨났다. 전문 주제를 다루는 출판
인도 등장해서 필라델피아의 출판인은 주로 의학과 과학 분야의 책
을, 보스턴의 출판인은 신학과 문학 분야의 책을, 신시내티의 출판인
은 교과서를 주로 펴냈다.

전반적인 교육 수준이 높아져 다양한 책을 요구하는 독자가 많아
지고, 새로운 정보가 넘쳐나자 대형 출판사는 역사, 철학, 정치, 경제,
과학, 소설, 시집, 여행, 그림책, 잡지 등 여러 분야의 책을 펴냈다. 대
형 출판사는 각 분야를 전문으로 다루는 부서를 두었다. 오늘날까지
미국의 큰 출판사는 대부분 모든 종류의 책을 펴낸다.

근대 이후의 중국 출판

서양 선교사들이 운영한 출판사

19세기 서양에 문호를 개방한 이후 중국에 진출한 서양 선교사들은 출판을 중요한 선교 수단으로 보았다. 선교사들은 출판사를 세워서 서양 과학 기술과 서구 사상을 중국에 소개했다. 또한 이들은

1894년 10월 발행된 『만국공보』
(서울역사박물관)

1843년에 상하이에 '묵해서관', 1844년에는 '미화서관'을 세워 성경, 교과서, 상업 관련 책자 등을 출판했다. 영국인 선교사 알렉산더 윌리엄슨은 1887년 '광학회'를 만들고 기독교와 유럽 문화를 소개하는 책을 만들어 중국 학교와 관리에게 무료로 나눠

주었다. 또한 국제 사건을 소개하고 정세를 분석하는 글을 담은 월간 잡지 『만국공보』를 발행하기도 했다.

근대적인 출판의 도입

19세기 말 청나라 관리들은 서양 지식을 받아들여 부국강병을 이루려는 '양무운동'을 벌였다. 양무운동으로 서양의 지식을 소개하는 책을 펴내는 출판사가 많이 늘었다. 양무운동을 지지하는 청나라 관리들은 베이징과 상하이를 비롯한 전국 각지에 서양식 학교와 외국어 번역 기관을 만들었다. 신식 인쇄 장비와 출판 기술을 동원해 서양 서적을 출판했다.

또한 청나라 정부는 '경사관서국'을 만들어 세계 여러 나라의 법률, 상업, 농업, 제조, 측량, 건설 등의 지식을 담은 서적을 번역 출판했다. 이러한 출판 기관들은 새로운 사상과 학문뿐 아니라 인쇄와 출판 기술을 전파했다. 이를 기반으로 중국의 근대 출판이 발전했다.

출판의 발전은 문학의 발전으로 이어졌다. 어려운 사회 현실을 반영한 소설, 정치적인 주장과 혁명 사상을 전파하는 소설 등 다양한 주제의 문학 작품이 새로 탄생했다. 또한 시, 사, 부와 같은 중국 전통 문학이 아닌 새로운 형식의 소설을 세상에 알리는 여러 문예 잡지도 등장했다. 19세기 말에는 작품을 쓴 대가로 주는 '원고료'와 책이 팔린 만큼 이익을 나누는 '인세' 개념도 중국에 도입되었다.

조선 말 우리나라의 출판

개화기의 출판과 책

1876년 맺은 강화도 조약으로 부산, 원산, 인천 세 개 항구를 개방한 조선은 서양의 문물을 받아들이기 시작했다.

우리나라 최초의 근대신문
『한성순보』(5호) (서울역사박물관)

1883년에는 신문이나 책의 출판을 담당하는 기관인 '박문국'이 신설되었다. 일본에서 납으로 만든 활자와 인쇄 기계를 들여왔고, 『한성순보』라는 신문을 열흘마다 발간했다.

1884년에는 최초의 민간 출판사인 '광인사'가 세워져 『농정신편』, 『만국정표』 등의 책을 발간했으며, 1885년에는 배재학당 인쇄부에서 『성경』을 출간했다. 1888년부터 1910년 사이에는 출판사를 겸하는 인쇄소가 여럿 세워졌다. 사립학교와 교육 기관이 늘어나고, 국민을 계몽하고 새로운 사상과 문물을 전달할 필요성이 커지면서 책과 출판은 더욱 중요해졌다.

한국어로 번역된 최초의 성경책 누가복음 (케임브리지대학교)

다양한 책을 출판하다

당시 출판한 책 내용은 크게 넷으로 나눌 수 있다. 각급 학교에서 교과서로 쓰기 위한 책이 있었다. 기독교를 널리 알리기 위한 책도 많았다. 대중에게 교양과 실용 지식을 알리기 위해 만든 계몽 서적도 등장했다. 재미있는 읽을거리를 제공하기 위한 소설 등 오락용 출판물도 있었다.

정부는 학교 학생을 대상으로 하는 교육 출판 사업에 직접 참여했다. 기독교 선교사와 교회 출판사는 선교 서적을 주로 발간했다. 지식인과 사상가들은 새로운 지식을 전파하는 책을 주로 펴냈다. 인쇄와 출판업에 뛰어든 상인이나 자본가는 교육용 도서, 계몽 서적, 오락 서적을 모두 출간했다.

계몽사상가와 독립운동가가 운영한 서점

근대 민권 사상에 바탕을 두고 민족 독립과 자주를 부르짖은 사상가와 독립운동가들이 서점을 운영했다. 이들은 서점과 출판을 통해 대중에게 지식을 보급하고 민족의식을 드높이려 했다. 교육자이자 계몽운동가이며 작가인 남궁억은 1909년 서울에 '유일서관'을 열었다. 교육자이자 언론인이며 훗날 민족대표 33인 중 한 명인 이승훈은 동료 독립운동가 안태국과 함께 1908년 평양에 '태극서관'을 세웠다. 비밀 독립운동단체 신민회 회원들이 연락을 주고받고 모이는 장소로 태극서관을 이용했다. 애국계몽운동가이자 독립운동가인 안창호도 서점을 통한 지식 보급을 중요하게 여겼다. 그는 서울과 대구에 태극서관 지점을 내는 계획을 후원하고 독서 보급에 힘썼다.

20세기 이후의
출판과 서적 판매

출판 산업이 발전하며 책을 만들고, 판매하는 역할이 전문화되었다. 책은 사상을 전파하고 정치적 영향을 끼치기 위해 만들어지고 검열되기도 했지만, 갈수록 새롭고 유익한 정보를 정확하게 전달하고 재미있는 이야기를 읽기 좋게 담아냈다. 출판인은 성인뿐만 아니라 어린이 등 다양한 이들을 독자로 삼은 새로운 기획 도서를 만들어 냈으며, 출판 시장은 기술의 발전에 힘입어 매체를 넘어 커졌다.

현대 서양의 출판 및
도서 시장

원고료와 책값

저작권법은 20세기에 들어서면서 확고한 법으로 자리 잡았다. 그 결과 다른 사람의 책을 베껴서 만든 해적판을 판매할 수 없게 되었다. 시중의 책을 베낄 수 없게 되자 출판인은 작가에게 원고료를 주고 원고를 샀다. 출판인은 좋은 작가와 훌륭한 원고를 구하기 위해 경쟁했고, 유명 작가의 작품은 아주 비싼 값에 팔렸다. 책을 만드는 데 드는 비용, 출판인이 서적상에게 책을 공급할 때의 가격, 서적상이 독자에게 책을 팔 때의 가격 등에 관한 규칙을 정할 필요가 생겼다. 이러한 규칙은 출판인과 서적상 모두에게 유리하게 작용했다.

20세기가 되어 전 세계 책 판매량이 많이 늘었다. 미국에서는 문학 작품을 대량으로 펴냈다. 1919년 영국 맥밀란 출판사는 최초로 '어린이책' 담당 부서를 만들어서 새로운 시장을 개척했다. 미국의 대형 백화점에서는 여전히 책을 미끼 상품으로 끼워 팔았다. 백화점은 책을 팔아서 돈을 버는 게 목적이 아니었기 때문에 책값을 아주 싸게 매겼다. 예를 들어 출판사가 한 권에 95센트를 받고 파는 책을 백화점에서는 11센트에 팔았다. 이 때문에 서적상은 출판사가 아니라 백화점에서 책을 사서 독자에게 다시 팔기도 했다.

하지만 대부분 출판인과 서적상은 서로의 이득을 위해 합리적인 관계를 이어 나가고자 했다. 출판사는 독자에게 직접 책을 팔지 않고 서적상에게만 책을 넘겨주었으며, 서적상은 미리 정한 기준에 따라 거래했다. 출판사 영업 사원은 자기 회사에서 나온 책 목록을 들고 여러 지역의 서점과 서적상을 찾아다니며 책을 판매했다.

페이퍼백의 등장

20세기 중반에 책 표지를 부드러운 종이로 만든 '페이퍼백(소프트커버)'이 등장했다. 그전까지는 책 표지를 보통 딱딱한 판자나 가죽, 또는 천으로 만든 '양장본(하드커버)'이 일반적이었다. 양장본은 책이 상하지 않게 보관하기에 편했지만 무겁고 값도 비쌌다. 반면 페이퍼백은 가벼워서 들고 다니기 편했고 가격도 쌌다.

제2차 세계 대전이 발발하고 양장본을 만드는 데 필요한 재료가 부족해지면서 페이퍼백이 널리 퍼졌다. 전쟁터로 가는 군인들에게도

무거운 양장본 대신 가벼운 페이퍼백을 보급했다. 이런 이유로 1940년대 이후 페이퍼백이 주류로 자리 잡았다.

되살아난 검열

제2차 세계 대전 동안 유럽의 출판사, 서점, 인쇄소, 대학, 도서관은 큰 타격을 입었다. 물리적인 타격보다 더 심각했던 것은 바로 '검열'이었다. 독일을 장악한 히틀러는 책의 내용을 검열해서 자기 생각

나치 독일은 유대인 작가들의 작품과 '독일적이지 않은' 것으로 간주되는 다른 작품들을 불태웠다.

과 다른 의견의 책은 금지하고 모아서 불태웠다. 일본도 독일처럼 국가가 책의 내용을 감시하고 출판을 통제했다.

제2차 세계 대전 후 소련을 중심으로 한 공산권 국가에서는 출판 및 서적 판매를 국가에서 통제하고, 책 내용을 검열했으며, 공산당의 정치 체제를 선전하는 작품을 출판하도록 했다.

제2차 세계 대전 이후의 출판

제2차 세계 대전 이후 공산권 국가를 제외하고 검열에서 벗어난 출

판과 서적 판매는 중요하고 영향력 있는 일이 되었다. 철학, 정치, 경제, 종교에 관한 자유로운 생각이 가득 담긴 책들이 쏟아져 나왔다. 서적상은 마음에 드는 책들을 골라 독자에게 판매했다. 출판사는 책의 학문적, 문학적 가치도 중요시했지만 우선 잘 팔릴 만한 책에 투자했다.

20세기 후반이 되어 대형 출판사는 작은 출판사들을 사들이며 점점 몸집을 불려 나갔다. 컴퓨터 등 사무기기를 만드는 회사 IBM과 전기, 발전 사업에 특화된 기업 제너럴 일렉트릭 등 출판과 관계없는 회사도 출판업에 뛰어들었다. 한편, 기술이 발전하면서 책 만들기가 쉬워지자 활발하게 책을 출판하는 소수의 출판 전문가도 생겨나고, 자기 돈으로 자기 책을 만들어 내는 자비 출판도 늘어났다.

여성 출판인

역사적으로 출판과 서적 판매는 남성 위주의 직업이었다. 16~17세기 영국 서적출판업 조합에는 등록된 출판인의 10% 정도가 여성이었다. 이들 대부분은 남편이나 아버지로부터 출판 산업을 물려받은 아내나 딸이었다. 대부분 사업을 오래 운영하지 않고 다른 사람에게 팔아넘겨졌지만, 계속 사업을 발전시킨 여성 출판인도 있었다. 하지만 오늘날에는 출판 분야에서 여성들의 활약이 매우 두드러진다.

여전한 문제들

역사적으로 출판 산업의 큰 골칫거리 두 개는 해적판과 가격 할인이었다. 모두 지금도 여전히 문제로 남아 있다. 자본 부담이 없는 대형 출판사에서 책 가격을 낮게 책정하거나 대형 서점에서 책 가격을 큰 폭으로 할인해서 판다면 작은 출판사와 동네 서점은 이에 경쟁하기 힘들다. 그래서 국가에서 일정 수준 이하로는 할인 판매할 수 없도록 제한하기도 한다.

전 세계 국가들이 저작권 보호를 위한 협약에 참여하고 있지만 이런 노력에도 불구하고 해적판은 아직 사라지지 않았다. 해적판을 잔뜩 판매한 다음 처벌받기 전에 출판사 문을 닫고 사라져 버리는 사람도 있다. 독자들이 해적판이 아닌 정식으로 출간한 책을 사는 습관을 들일 수 있도록 아주 싼값으로 책을 펴낸 대형 출판사도 있다.

베른 협약

1886년 스위스 베른에서 독일, 프랑스, 영국 등 유럽 국가의 대표가 모여 저작권을 보호하기 위한 기본 협약을 처음으로 만들었다. 협약을 맺은 도시의 이름을 따서 '베른 협약'이라고 한다. 지금까지 협약은 꾸준히 개정되었으며, 많은 국가가 참여해서 국제적으로 저작권을 보호하고 있다. 우리나라는 1996년 가입했고, 현재 북한을 비롯해 전 세계 177개국이 베른 협약에 가입해 있다.

현대 중국의 출판

20세기 이후의 중국 출판

청나라가 무너진 후 중국은 오랫동안 극심한 정치적 갈등을 겪었다. 출판은 정치 선전의 도구로 사용되었고, 권력자들은 자기 생각과 다른 생각을 담은 책이 세상에 나오지 못하도록 막았다.

1949년 중화 인민 공화국이 중국을 통일하고 공산주의 정부를 수립했다. 출판 산업은 정부가 관리했고, 책을 출판하기 위해서는 검열을 거쳐야만 했다. 출판이 정치 수단이 되고 그 내용이 획일화되었다. 출판의 침체는 당연한 결과였다.

1978년 이후 개혁 개방으로 중국의 출판은 변화하기 시작했다. 1990년대에는 출판사가 직접 어떤 책을 얼마에 낼지 결정할 수 있었다. 2001년, 중국이 세계무역기구WTO에 가입하면서 외국 출판사의 중국 진출도 허락되었다. 중국의 출판 규모는 갈수록 증가하고 있다.

인터넷 출판 시장이 발전하다

1998년 중국에 처음으로 '웹소설'이 등장했다. 웹소설은 인터넷에 공개하는 소설이다. 인터넷 소설, 웹소설, 사이버 소설 등으로 부른다. 21세기에 들어 인터넷 기술이 발전하면서 웹소설을 제공하는 서비스가 늘어났다. 중국 정부는 인터넷 출판을 장려한다. 2016년부터 인터넷 문학 작품 저작권을 엄격히 보호하는 정책을 펴고 있다. 우수한 웹소설과 인터넷 문학 플랫폼을 지원하고 있다. 웹소설은 가벼운 읽을거리, 흥미 위주 소설이 대부분이었다. 최근에는 문학적으로 가치 있는 작품도 등장하고 있다. 수출도 늘어나는 추세다. 좋은 작품은 영화나 게임으로 만들기도 한다.

대한민국의 출판

일제 강점기의 출판과 서점

일본은 1909년 '출판법'을 만들었다. 책으로 만들려고 하는 원고는 미리 관청에 제출해서 허가받아야 했다. 이미 나온 책도 내용에 문제가 있다고 판단되면 판매를 금지했다. 일본을 모욕하거나, 독립사상을 고취하거나, 일제에 저항하는 내용을 담은 책은 물론이고 우리나라의 역사, 민족 영웅의 전기, 우리나라의 지리와 풍속, 외국의 독립운동 역사와 관련된 책도 출판할 수 없었다. 무궁화나 태극기에 관한 책, 서양의 민주주의나 러시아의 사회주의에 관한 책도 금지되었다. 출판의 검열과 판매 금지 조처는 1940년대 이후 더욱 심해졌다. 우리말로 된 책은 아예 낼 수 없었고, 이미 출판된 책도 압수하기에 이르렀다.

일제 강점기에 자유롭게 책을 만들어내지 못하게 되자 출판문화 발전도 더뎠다. 하지만 탄압 아래서도 회동서관, 신문관, 박문서관, 정음사, 삼중당 등의 민간 출판사가 등장해 우리 문화를 보존하고 전파했다.

해방과 6·25 전쟁을 겪으며

1945년 해방 이후 150여 개의 출판사가 활발하게 활동했지만 얼마 지나지 않아 6·25 전쟁이 일어났다. 전쟁으로 혼란스러운 와중에도 부산 등 피난 지역에서는 교육자들이 천막 학교를 열어 교육을 이어 갔고, 교과서와 학습 참고서도 계속 출판되었다. 1952년에는 청소년 잡지 『학원』, 1953년에는 『사상계』가 창간되어 인기를 끌었다. 이처럼 1950년대에는 교과서와 학습 참고서 위주로 출판이 다시 살아났지만, 인쇄 시설과 제본 시설 그리고 종이가 충분하지 않았다.

1960년대 이후 경제가 성장하면서 세계 문학 전집, 세계 위인 전집, 아동 문학 전집 등 수십 권이 넘는 대형 전집류가 인기를 끌었다. 출판사 을유문화사에서 낸 100권짜리 세계 문학 전집, 정음사에서 낸 50권짜리 세계 문학 전집이 대표적이다. 전집은 보통 출판사 영업 사원이 집집이 방문해서 판매했고, 책값은 대부분 한 번에 다 치르기에는 비쌌기 때문에 몇 달에 걸쳐 지급하는 월부로 냈다.

경제 성장과 함께 성장하는 출판

1960년대 이후 지속적인 경제 성장과 함께 출판업도 성장했다.
1970년대부터는 정부에서 출판을 지원하는 각종 사업을 벌였고, 국
민 독서 추진 운동 등 출판 진흥 정책을 시행했다. 1960년대 2천여 종
이었던 출판물은 1970년대 중반 1만여 종을 넘었다.

70년대에 가장 인기 있던 책은 '문고본'이다. 문고본은 내용은 다르
지만 같은 형식으로 나오는 책이다. 대부분 값이 싸고, 가지고 다니며
읽기 편한 작은 크기의 책으로 『정음문고』, 『박영문고』, 『서문문고』,
『삼중당문고』, 『문예문고』 등이 70년대 대표적인 문고본 책이다. 청
소년을 대상으로 하는 새소년의 『클로버문고』는 학생층의 큰 인기를

끌었다.

80년대 출판 시장이 본격적으로 확대되어 100만 부가 넘게 팔리는 베스트셀러가 심심치 않게 나왔다. 소설, 시, 수필 등의 문학 작품과 인문, 사회, 과학 교양서적 등 다양한 책이 출판되었으며, 베스트셀러를 출판해서 큰돈을 버는 출판사도 등장했다. 1971년에 1,171개였던 출판사가 1981년에는 2,176개, 1991

새소년의 『클로버문고』 광고지

년에는 6,607개로 계속 늘어났으며 대학에서 만든 출판부도 활발하게 책을 펴냈다. 또한 출판 전문가의 필요성이 늘어 1981년 출판과 인쇄를 전공하는 대학원 과정이 만들어졌으며, 이어 출판학과와 대학교 출판 연구소들이 계속 생겨났다.

출판 매체의 변화

정보통신의 발달은 출판에도 영향을 미쳤다. 1990년대 이후 전자책이 등장했다. 종이에 인쇄해서 만드는 종이책과는 다르게 시디롬 CD-ROM처럼 저장 매체에 텍스트를 담았으며 그 내용은 컴퓨터 화면으로 볼 수 있었다. 인터넷의 발달과 보급으로 저장 매체 없이 인터넷 사이트에 접속해서 글을 읽는 것도 자연스러워졌다. 텍스트를 읽어 주는 음성 서비스도 생겨났다. 여러 사람이 접속하는 웹 사이트에 자기가 쓴 글을 올리고, 읽는 사람들에게서 돈을 받을 수 있는 시스템도 생겨났다. 기술 발전은 책과 출판의 개념 자체를 변화시키고 있다.

눈부시게 성장한 웹소설 시장

우리나라 인터넷 출판 중 웹소설 분야는 21세기 이후 눈부시게 성장하고 있다. 2013년 100~200억 규모였던 웹소설 시장은 2022년 기준 1조 원을 넘어섰다. 대중적으로 성공한 웹소설도 늘어났다. 한 작품이 수백억 원 매출을 기록하기도 했다. 대표적인 인터넷 서비스 기업인 네이버, 카카오 등이 대형 웹소설 플랫폼을 운영하고 있다. 웹소설을 기반으로 드라마, 영화, 만화 등도 활발하게 만들고 있다. 웹소설 쓰기를 가르치는 학원도 많아졌고 플랫폼 운영 회사에서 교육 프로그램을 운영하기도 한다. 시장이 커지면서 웹소설 불법 복제를 어떻게 막느냐가 중요해졌다. 정부에서는 저작권 침해를 체계적으로 막는 대응 시스템을 만들어 운영하고 있다.

오늘날과 미래의
출판인과 서적상

오늘날에는 과학 기술 발전 힘입어 종이에 인쇄한 책 외에도 읽을거리가 넘쳐난다. 비록 매체는 달라지고 있지만 출판인과 서적상이 하는 일은 여전하다. 날 것의 원고를 더 보기 좋게, 읽기 좋게 편집하고 그 결과물이 더 많은 사람에게 닿도록 노력하는 것이다.

오늘날 책을 출판하는 사람들

출판, 출판사, 출판인

작가로부터 원고를 받아 책으로 만들어 세상에 내는 일을 '출판'이라고 한다. 출판을 사업으로 하는 단체와 회사를 '출판사'라고 하고, 출판사에서 일하는 사람이 '출판인'이다.

어떤 책을 주로 만드느냐에 따라 출판사를 나눌 수 있다. 다양한 주제의 책을 출간하는 출판사를 '종합 출판사'라고 한다. 대부분의 대형 출판사, 이름난 출판사는 종합 출판사이다. 그 외에는 참고서, 문제집, 수험 대비 서적을 전문적으로 출간하는 출판사, 아이들을 위한 동화책이나 그림책 위주로 책을 내는 어린이 출판사, 전문 학술 서적이나 대학에서 사용하는 교재를 주로 출간하는 학술서적 출판사, 시, 소설, 희곡 등 문학 작품 위주로 책을 내는 문학 출판사 등으로 나눌 수 있다. 이 외에도 종교 서적 전문 출판사, 만화 출판사 등도 있다. 또한 웹소설이나 웹툰을 전문적으로 만들어 온라인에 유통하는 출판사도 늘고 있다.

출판인이 하는 일

책을 출판하기까지는 여러 노력이 필요하다. 한 사람이 모든 일을 하는 곳도 있지만, 대부분 출판사에는 다양한 분야의 전문가인 출판인이 모여 한 권의 책을 만든다. 출판인이 하는 일을 구체적으로 나눠 보면 다음과 같다. 우선 어떤 독자를 대상으로 무슨 내용의 책을 만들지, 원고는 누가 쓰는 게 좋을지 등을 정하는 '출판 기획'이 있다. 작가로부터 원고를 받은 후 책 크기, 사용하는 종이의 종류, 인쇄 방법, 책의 제목과 겉표지 등 책의 전체적인 모습을 그리는 일은 '편집 기획'이라 한다. 원고를 검토해서 내용에 잘못된 것은 없는지, 맞춤법이 올바르고 띄어쓰기가 제대로 되었는지, 문장이 매끄럽게 잘 읽히는지 등을 확인하고 바로잡는 '교정, 교열' 업무도 중요하다. 책 표지를 디자인하고 본문을 읽기 좋게 구성하는 '편집 디자인', 책에 들어가는 그림을 그리는 삽화가도 빼놓을 수 없다. 작은 규모의 출판사에서는 일부 전문 인력을 직접 고용하지 않고 필요할 때마다 일을 의뢰하고는 한다. 도서 출간 후 신문이나 방송, 인터넷 등에 책을 선전하는 '홍보, 마케팅'의 중요성도 점점 커지고 있다.

좋은 출판인이 되기 위해서는

좋은 책을 기획하기 위해서는 세상 변화에 대한 이해를 갖추고 다양한 분야에 관한 호기심, 새로운 내용을 찾아내는 창의력 등이 필요하다. 책을 편집하고 교정하는 일은 고도의 집중력과 끈기가 필요하다. 또한 좋은 책이 탄생하려면 작가뿐 아니라 책 출간 과정에 참여하는 여러 사람과의 소통이 중요하다. 그러므로 출판인은 다른 사람의 이야기를 잘 듣고, 자신의 의견을 제대로 표현하는 역량 또한 필요하다.

책을 출간한 후에는 마케팅과 홍보를 해야 한다. 책을 여러 사람에게 널리 알려서 많이 판매하기 위한 마케팅과 홍보에 요구되는 역량

판권면과 '판', '쇄'

책의 끝 또는 처음에 '판권면'이 있다. 여기에는 책을 쓴 사람, 발행한 출판사, 편집과 디자인을 한 사람, 인쇄소 등 책 출판과 관련된 기본 정보를 싣는다. 책의 내용이나 편집이 처음과 달라졌는지를 확인하려면 '판'을 확인하면 된다. '초판'은 처음 내용 그대로이며, 작가가 내용이나 구성을 고친다면 재판이다. 몇 번이나 인쇄했는지는 '쇄'로 나타낸다. 요즘 출판사는 한 번에 평균적으로 1천 부에서 3천 부를 인쇄하는데, 만든 책이 다 팔리면 다시 찍는다. 처음 인쇄한 것이 1쇄이며 다음부터는 2쇄, 3쇄 등으로 숫자가 늘어난다. 쇄의 숫자가 클수록 잘 팔리는 책이라는 것을 알 수 있다.

은 또 다르다. 관심을 가질 만한 독자를 찾아내서 책의 매력을 알리고 구매로 이어질 수 있도록 해야 한다. 기술 발전, 트렌드, 환경 변화를 읽어내는 능력도 중요하다. 하지만 무엇보다도 출판인으로서 제1의 자질은 책을 사랑하고 책 읽기를 좋아하는 데 있다.

책을 유통하는 사람들

출판 유통 단계

책도 다른 상품처럼 몇 단계를 거쳐 독자에게 도달한다. 출판사는 책을 도매상으로 보낸다. 도매상에서는 책을 소매상인 여러 서점에 보내고, 독자는 서점에서 책을 산다. 수천, 수만 권의 책을 출판사에서 직접 보관하고 있을 수 없기에 출판사는 큰 창고를 갖춘 배본사에 책의 보관과 유통을 맡긴다. 배본사는 출판사 대신 수많은 책을 보관하고 있다가 서점이나 도매상이 주문한 책을 찾아 보낸다.

서점의 종류

독자는 서점에서 책을 산다. 서점도 종류를 구분할 수 있다. 우선 교통이 편리한 장소에 넓은 매장을 두고 온갖 종류의 책을 모아 놓은 대형 서점이 있다. 주요 도시에 여러 지점을 두고 있으며, 책만 파는 게 아니라 문구, 기념품, 각종 문화 상품을 함께 판매한다. 특정 분야의 책만 주로 파는 곳은 전문 서점이다. 만화책을 주로 파는 만화 전문 서점, 각종 시험에 필요한 교재를 주로 파는 수험 서적 전문 서점, 외국 서적을 주로 다루는 전문 서점, 예술, 철학, 종교와 관련된 책을 주로 취급하는 전문 서점 등 다양하다. 또한 대학교나 큰 기관 안에서 그 조직에 속한 사람들에게 필요한 책을 주로 파는 구내 서점과 지역마다, 거리마다 자리 잡은 작은 동네 서점도 있다. 그 외에도 대형 할인점, 편의점, 지하철역 등에서 책을 팔기도 한다. 온라인으로 판매하는 인터넷 서점도 있는데, 대형 서점이 인터넷 서점을 운영하기도 한다. 그 외 다른 온라인 쇼핑몰이나 홈쇼핑에서도 책을 판매한다.

좋은 서적상이 되기 위해서는

서적상은 결국 책을 판매하는 상인이다. 상인은 자기가 판매하는 상품에 관해 잘 파악하고 고객에게 전달하는 것이 중요하다. 즉, 서적상은 독자에게 책의 내용과 가치를 제대로 전달할 수 있도록 자기가 취급하는 서적에 관한 지식을 가져야 한다. 또한 판매한 상품에 문제가 있다면 교환이나 반품 등의 서비스를 제공하는 것도 잊지 말아야 한다. 동네 서점의 경우 지역 거주민이 모여 여가를 즐길 수 있는 지역의 사랑방 역할도 하므로 친절함과 사교성이 필요하다.

미래의 출판과 서점

줄어드는 종이책 출판

2029년까지 출판인의 수는 거의 변하지 않으리라고 예측한다(한국 직업전망 2021). 출판사 숫자는 매년 늘고 있는 한편, 실제 책을 펴내지 않는 출판사의 비율도 늘고 있다. 종이책을 읽는 사람의 숫자는 점점 줄어들고 있다. 온라인에서 전자책이나 콘텐츠를 구매해 읽는 사람이 늘어나면서 해당 출판 분야에 종사하는 사람이 증가하고 있다. 기술이 발전하며 전자책을 만드는 방법은 갈수록 편리해지면서 개인도 손쉽게 자기가 쓴 글을 전자책으로 만들어 인터넷에서 판매할 수 있게 되었다. 또한 책을 원작으로 영화나 드라마, 웹툰 등 다양한 디지털 콘텐츠를 만드는 일이 중요해지고 있다.

그렇다고 가까운 미래에 종이책이 사라지지는 않을 것이다. 전자

책이 처음 등장했을 때 많은 사람들은 종이책이 조만간 사라질 것이라고 생각했다. 하지만 온라인에서 연재하거나 전자책으로 발행된 내용도 종이책으로 소장하기를 원하는 독자도 있다. 이렇듯 종이책과 전자책은 앞으로도 쭉 함께 판매될 것으로 예측한다.

출판업의 신기술

새로운 기술은 출판에도 영향을 미치고 있다. 인공지능을 이용해서 독자 데이터를 분석하고, 이를 바탕으로 잘 팔릴 만한 내용을 예측해서 기획 출판하는 출판사도 등장했다. 출판사는 인공지능 기술을 활용한 챗봇 Chatbot 서비스로 독자와 온라인상에서 1:1로 만나기도 한다. 과거에는 출판사가 독자가 무엇을 원하는지 정확히 알기 어려웠지만, 이제는 온라인 판매 추이와 독자 특성을 분석해서 독자가 원하는 책을 예측할 수 있게 되었다. 또한 출간하기 전 원고를 컴퓨터로 분석해서 '베스트셀러 가능 점수'를 계산하기도 한다. 스마트폰이 널리 퍼지면서 책을 읽어 주는 서비스인 '오디오북'도 크게 성장하고 있다.

서점의 변화

서점도 더 이상 책만 판매하는 상점이 아니다. 대형 서점은 책뿐 아니라 음반, 문구, 기념품, 음료수, 음식 등을 파는 커다란 복합 공간 역할을 하고 있다. 서점을 방문한 사람들이 판매하는 책을 앉아서 독서할 수 있는 공간도 넓히고 있다. 작은 동네 서점은 사람들이 모여 책을 읽고 토론하는 독서 모임을 열고, 작가를 초청한 북토크를 진행하는 등 책으로 할 수 있는 여러 활동을 주관한다. 책을 읽지 않는 사람이 점점 늘어나고 있다고 하지만, 대형 서점은 여러 콘텐츠를 모아 다양한 문화를 즐기는 곳으로, 동네 서점은 책을 매개로 사람들이 만나 서로 교류하는 공간으로 변화하고 있다.

책을 만들고 유통하는 출판인과 서적상

고대에는 사회 지도층과 권력자가 책을 출판했다. 중세 이후에는 귀족이나 부유층의 후원으로, 16세기 이후에는 왕실의 후원으로 책이 만들어졌다. 주로 후원자 마음에 드는 책이 만들어지는 것이 당연했다. 출판인이 책을 만들어서 판매한 돈으로 새로운 책을 만들 수 있게 된 것은 18세기 이후부터다. 이 시기에 들어 출판인, 인쇄업자, 서적상이 각각 전문 직업으로 분리되기 시작했다.

19세기 이후 저작권에 관한 법이 생기면서 출판업은 본격적으로 발전했다. 출판 시장은 전 세계적으로 크게 성장했다. 20세기 이후 기술이 발전하여 이제는 마음만 먹으면 개인이 책을 만들어 판매할 수 있게 되었다. 또한 인터넷 등 기술의 발전으로 책과 출판의 개념도 새롭게 정립할 필요가 생겼다.

어떻게 출판인이 될 수 있나요?

우리나라의 출판사

2020년 기준 우리나라에는 67,203개의 출판사*가 있다(대한출판
문화협회 2021년 출판시장 통계). 하지만 그해 책을 한 권이라도 출판
한 곳은 9,120개로 전체의 13.6%에 불과하다. 그중 1년에 5종류 이하
의 책을 출판하는 출판사가 73.5%다. 15.2%의 출판사만 1년에 10종
류 이상의 책을 출판한다. 그럼에도 매년 7만~8만 종의 새 책이 발간
된다.

2020년을 기준으로 출판사의 매출액은 9조 원 남짓이며, 여기서
일하는 출판인은 총 61,937명으로 이중 기획 부분에 6,214명, 관리

---

* 2022년 11월 기준 문화체육관광부 출판사/인쇄사 검색 시스템에 등록된 출판사는 99,897개이다.

부분에 10,458명, 편집, 교정, 디자인 등 제작 부분에 30,791명, 마케팅과 홍보 부분에 5,269명이 일하고 있다. 유통이나 연구 개발 등을 담당한 사람은 9,205명이다(KOSIS 국가 통계 포털).

출판인이 되려면

출판인이 되는 데 특별한 자격이 필요하지는 않다. 국어국문학이나 영어영문학 등 어문 계열을 전공한 사람이나 문예 창작, 역사, 철학 등 인문학 관련 학과 출신이 많지만, 책을 좋아하고 책을 만드는 데 흥미가 있다면 누구나 할 수 있다. 출판 미디어 관련 전공 학과가 있는 대학교에 입학해 전문적인 내용을 공부할 수 있다. 출판 관련 협회에서 여는 각종 교육 프로그램에 등록해 전반적인 출판업에 관해 배울 수도 있다.

대부분 출판사는 필요할 때마다 인원을 보충한다. 출판과 관련된 여러 사이트에 사원 모집 공고가 올라오므로 관심이 있는 사람은 관련 사이트를 찾아봐야 한다. 출판사마다 채용 분야나 자격 조건이 다르므로 자신의 능력과 흥미, 조건을 잘 견주어야 한다. 출판사의 급여는 그리 많지 않아서 책을 만드는 일이 적성에 맞고 보람을 느끼는 사람이 할 수 있는 일이다.

혼자 출판사를 차리는 것도 가능하다. 특히 웹 출판은 종이책을 만드는 만큼 종이, 인쇄, 보관비가 많이 들지 않기 때문에 큰 자본 없이

도 할 수 있다. 물론 얼마나 좋은 책을 내고 얼마나 잘 팔지는 출판인의 역량에 달렸다.

우리나라의 서점

2020년 기준 우리나라에서 서적을 판매하고 유통하는 사업체는 6,163개이다. 이 중 출판사와 서점을 연결해 주는 도매상은 1,608개, 독자에게 책을 판매하는 소매상인 서점은 4,511개, 인터넷과 모바일 전문 유통업체는 44개이다. 또한 책을 빌려주는 사업을 하는 서적 임대업체(만화책 제외)가 2,025개 있다(국가통계포털). 출판 유통과 관련된 시장 규모는 약 8조 3천억 원에 이른다.

서적상이 되려면

책을 유통하는 업체에 취업하는 방법이 있다. 서적 도매상인 '총판'은 필요할 때마다 직원을 모집한다. 다만 총판이라 해도 규모가 그리 크지 않고, 자격 조건은 회사마다 다르다. 대형 서점은 여러 분야의 직원을 모집한다. 홈페이지에서 직원 채용 공고, 채용 절차 등을 확인할 수 있다. 자격과 대우는 회사마다, 분야마다 다르다. 직접 서점을 열 수도 있다. 실제 사업 운영 방법, 고객 응대 등을 미리 배우는 것이 좋다.

편집자의 탄생과 변화

편집자가 하는 일

책, 신문, 잡지 등 모든 인쇄물을 출판할 때 꼭 필요한 사람이 '편집자'다. 편집자는 책이 독자에게 갈 때까지 모든 과정에 중요한 역할을 한다.

편집자는 어떤 독자를 대상으로 무슨 책을 낼지 계획하고, 좋은 작가를 찾아 원고를 받고, 원고를 꼼꼼히 살펴 잘못된 내용이나 표현이 있는지 찾아 고친다. 그리고 책에 각종 사진, 그림, 도표를 넣어 독자가 내용을 잘 이해하도록 돕는다. 그뿐만 아니라 책이 나오면 각종 신문이나 잡지, 온라인 등에 책의 내용을 홍보하고, 작가를 독자에게 소개하고 독자의 의견을 작가에게 전달하는 일도 한다. 대형 출판사에는 기획만 하거나, 원고만 편집하는 등 각 분야를 담당하는 전문 편집자가 있지만, 작은 출판사에서는 편집자 한 사람이 기획부터 홍보까지 모두 담당하기도 한다. 경험이 많은 편집자는 출판사를 대표하는 '발행인'*이 되기도 한다.

고대의 편집자

수천 년 전, 사람들은 점토판이나 갑골, 파피루스에 쓰인 글자가 '신'에게서 왔다고 믿었다. 그래서 신이 내린 말씀을 감히 인간이 함부로 고치거나 바꿀 수 있다고 생각하지 못했다. 또한 읽고 쓸 줄 아는 사람도 거의 없어서 '편집' 자체가 존재하지 않았다.

편집자는 고대 그리스에서 처음 등장했다. 알렉산드리아의 대도서관에는 '교정가corrector'가 있었다. 이들은 교육 수준이 높은 학자로, 원고를 읽고 틀린 것을 찾아내 고치는 일(교정)뿐 아니라 원고의 여백에 내용을 쉽게 풀이한 짧은 글(주석)을 달았다. 주석은 학문 연구에 매우 중요한 자료였다. 큰 규모의 출판사나 서적상도 편집 일을 하는 사람을 고용했다. 하지만 이들은 편집을 그리 중요하게 여기지 않았다. 돈벌이에 큰 영향을 미치지 않았기 때문이다.

로마 시대에 편집은 좀 더 중요한 일이 되었다. 로마 출판업자는 많은 그리스 고전을 라틴어로 번역해 출판했다. 출판사는 고전 작품을

---

* 저작물을 인쇄하거나 배포할 권리를 가지고 신문, 잡지, 서적 등을 정기, 비정기적으로 복제해서 배포하는 사람이나 단체의 대표.

분석하고 해석할 수 있는 능력을 갖춘, 교육을 잘 받고 학식이 높은 그리스 출신 노예에게 번역과 교정, 내용 해석을 맡겼다. 하지만 대부분 출판업자와 서적상은 책을 빠르게 만들어 돈을 버는 게 목적이었다. 따라서 편집은 완전히 잘못된 내용을 고치는 데 그쳤을 뿐 내용에 대한 진지한 검토나 사실 확인은 제대로 하지 못했다. 이 때문에 서툰 문장이나 틀린 내용을 항의하는 독자가 끊이지 않았다.

중세의 편집자

중세에는 출판을 후원하는 후원자가 편집자처럼 어떤 책을 낼지, 책의 내용 중 어느 부분은 빼고 어느 부분을 강조할지 등의 내용을 결정했다. 또한 당시 출간된 책 대부분은 이전에 나왔던 고전 작품들이라 특별히 교정하거나 주석을 추가할 필요가 없었고, 따라서 전문적인 편집자가 따로 필요하지 않았다.

인쇄술의 발명과 편집

인쇄술이 발명되고 성경을 비롯한 종교 관련 서적이 많이 출판되면서 '본문비평'이라는 분야가 등장했다. 본문비평은 여러 종류의 복사본을 비교해서 원문과 얼마나 같은지 분석하는 일이다. 이를 통해 그리스어나 라틴어로 필사한 성경이 히브리어나 헬라어로 된 원본에 얼마나 충실한지를 연구한다.

본문비평을 하려고 대형 출판사나 인쇄업체는 전문 편집자를 고용하기 시작했다. 스위스 바젤의 출판업자이자 인쇄업자인 요한 프로벤은 인문학자이자 신학자로 이름이 높았던 에라스무스를 고용해 자기가 낸 책의 편집을 맡겼다. 수십 대의 인쇄기와 100명이 넘는 직원이 일하는 대형 인쇄업체도 속속 등장했는데, 인쇄업체에서도 에라스무스와 같은 전문 편집자를 고용했다. 편집자들은 대부분 각 분야에서 권위 있는 학자나 전문가였으며, 때로 스스로 뛰어난 글을 쓰는 작가로 활동했다. 이들은 본문비평뿐 아니라 책 내용이 사실인지 아닌지를 확인하는 책임도 졌다.

동아시아의 편집자

중국이나 우리나라에서 출판은 중요한 국가사업이었다. 국가의 관리가 책을 고르고, 교정하고, 주석을 달았다. 관리는 대부분 과거에 합격한 뛰어난 지식인이자 학자였다. 이들은 능숙하게 펴낼 책을 정하고, 원고를 구하고, 책 내용을 해석했다. 책을 출판하고 인쇄하는 관청에는 틀린 글자를 찾아내고 고치는 일을 담당하는 하급 관리가 따로 있었다.

새로운 편집자의 등장

팸플릿, 신문, 잡지 등이 발간되기 시작하면서 새로운 편집자가 등장했다. 이들은 신문이나 잡지에 어떤 내용을 실을지 정하고, 그 내용이 사실인지, 새로운 소식은 없는지 확인했다. 신문이나 잡지에 실린 글은 사람들에게 큰 영향을 미쳤기에 신문과 잡지를 편집하는 사람은 사회와 정치 변혁의 중심이 되었다. 이들이 실은 글에 반대하는 사람들은 편집자를 심하게 비난하고 때로 테러를 가하기도 했다. 처음에는 신문이나 잡지를 인쇄하고 발행하는 사람이 편집자를 겸했지만, 일이 많아지고 복잡해지자 신문사나 잡지사에서는 전문 편집자를 고용하고 편집 담당 부서를 별도로 만들었다.

오늘날의 편집자

오늘날 대중에게 정보나 지식, 오락을 전달하는 책, 신문, 잡지, 방송, 영화, 음악 등 모든 분야에는 전문 편집자가 있다. 책 편집자는 작가와 밀접하게 협력하면서 원고를 책으로 만드는 일을 한다. 신문이나 잡지, 방송 편집자는 뉴스를 고르고, 뉴스의 내용을 확인하고, 언제 어떤 형식으로 뉴스를 낼지 정한다. 영화나 음악 편집자는 콘텐츠의 예술적인 면을 살리고 품질을 책임진다. 이처럼 오늘날 편집자는 날것의 내용을 책, 방송, 신문, 잡지, 영화, 음악 등의 다양한 매체에 맞게 담아내는 일을 한다. 편집을 거쳐야만 원고는 책이라는 하나의 새로운 상품으로 탄생한다. 편집자는 원본을 어떻게 가공해서 대중 앞에 선보일지에 막대한 영향을 끼친다.

3부

문자나 그림을
대량으로 기록하는 인쇄업자

인쇄업자의
탄생과 변화

직접 글을 지어서 쓰는 것이 아니라, 기록만 하는 사람들이 있었다. 인쇄 기술이 발명되기 전에 사람들은 손으로 한 글자, 한 글자 적어서 기록했다. 기록을 안전하게 보관하기 위해, 또는 더 많은 사람들이 볼 수 있게 베끼는 일도 모두 사람이 직접 했다. 이처럼 중요한 내용을 기록하는 사람들은 주로 학식을 쌓은 지식인 계층이었다.

고대의 기록법

선사 시대의 기록

문자가 발명되기 전부터 인류는 동굴이나 바위에 살아가는 모습을 그림으로 남겨 후세에 전달했다. 프랑스 남부지방 쇼베-퐁다르크 동굴에는 지금으로부터 약 3만 년 전 인류가 그린 동물의 모습이 남아 있다. 스페인 알타미라 동굴과 프랑스 라스코 동굴에도 1만 4천~1만 7천년 전에 그린 것으로 짐작되는 동굴 벽화가 있다. 우리나라 울주

프랑스 쇼베-퐁다르크 동굴의 벽화(왼쪽)와 대곡리 암벽 그림(오른쪽)

군 언양읍 대곡리 암벽에도 3천 5백~ 7천년 전의 것으로 보이는 고
래잡이 그림이 남아 있다.

문자의 발명과 필기도구의 변화

기원전 3천여 년 무렵 메소포타미아의 수메르인은 처음으로 '쐐기
문자'를 쓰기 시작했다. 비슷한 시기에 이집트인들은 '상형문자'를 사
용했고, 중국에서는 한자의 뿌리가 되는 글자를 거북이 등껍질(갑)이
나 뼈(골)에 새겼다. 이후 기원전 1천여 년 전 페니키아인은 처음으로
알파벳을 만들어 사용했다.* 문자가 탄생하면서 문자를 기록하는 방
법과 도구도 발전했다.

서양의 문자 기록 방법

처음에는 진흙을 평평하게 만든 점토판 표면에 날카로운 도구로
글자를 새겨 넣고 말리거나 불에 구워 단단하게 만들어 보존했다. 이
집트에서는 나일강 변에 많이 자라는 갈대의 일종인 파피루스에 문
자를 적었다. 파피루스의 속껍질을 벗겨 두드린 후, 가로 세로로 여
러 장을 겹쳐 말려 종이처럼 평평하게 만들어 여기에 문자를 기록했
다. 영어로 종이를 가리키는 '페이퍼 paper'는 파피루스에서 비롯되었

---

* 그러나 페니키아인의 문자는 자음만 있고 모음은 없었다.

다. 간단히 글을 쓸 때는 나무판 위에 양초의 재료가 되는 밀랍을 칠한 판인 '서자판'에 날카로운 도구(스타일러스)로 긁어 글을 썼다. 그 후에는 양이나 소의 가죽을 사용했는데, 가죽 종이는 파피루스에 비해 견고해 보존하기도 좋았지만 매우 비쌌다. 양의 가죽으로 만든 양피지(송아지 가죽으로 만든 것은

기원전 500년경 접이식 밀랍 서자판에 기록하는 필경사

독피지라 한다)는 12세기 동양에서부터 종이가 들어올 때까지 문자를 기록하는 중요한 재료였다.

양피지 만드는 법

양피지를 만들려면 우선 가죽을 석회석을 탄 물에 담가 부드럽게 만든 다음 가죽에 붙어 있던 털과 살점 등의 이물질을 제거했다. 그 후 돌로 표면을 문질러 매끈하게 만들고, 구멍이 있으면 메꾼 다음 팽팽하게 당겨 사각형이나 원형 틀에 끼워 잘 말렸다. 양피지는 비쌀 뿐 아니라 만들기도 어려워서 빨아서 내용을 지우고 다시 말려서 재활용하기도 했다.

양피지 만드는 사람

동양에서는 문자를 어떻게 기록했을까?

동양에서 문자를 기록하는 도구로 처음 등장한 것은 거북이 등껍질과 동물의 뼈, '갑골'이었다. 갑골에 새긴 문자를 갑골 문자라고 부르기도 하고, 고대 중국 상나라의 수도였던 은의 폐허에서 발견되어 은허 문자라고도 한다. 중국에서 널리 사용된 것은 대나

650~670년경 당나라에서 만든 산스크리트어와 중국어로 된 인쇄물 조각

무를 일정한 크기로 잘라서 글씨를 쓰고, 이 조각을 순서대로 묶은 '죽간'이었다. 대나무가 아니라 나무 조각으로 만든 것도 있었는데 이것은 '목독'이라고 했다. 긴 글을 쓰려면 조각을 가죽이나 비단 끈으로 엮어야 했다.

비단 천을 적당한 크기로 잘라 글을 쓰기도 했는데, 이를 '겸백'이라고 한다. 하지만 비단은 비싸고 보존도 쉽지 않아 책을 만들기보다는 편지나 문서 작성에 사용했다. 2세기 초 채륜은 나무껍질, 천 조각, 낡은 그물 등을 이용해서 종이를 만들었다. 4세기 무렵 종이는 중국 전역으로 퍼졌다. 종이는 훗날 이슬람을 거쳐 유럽에 전해졌다.

글을 쓰는 직업

둥근 나무나 금속 통에 글자를 새긴 다음 점토판을 대고 누르거나

굴려 글을 찍어내기도 했지만, 사람이 직접 손으로 쓰는 것이 기본이었다. 글씨를 쓰는 것은 어엿한 직업이었고, 이 일을 하는 사람이 '필경사(혹은 필사원)'이다. 기원전 2600여 년, 파피루스 위에 글을 쓰고 그림을 그리는 필경사가 이집트에 처음으로 등장했다. 글을 읽고 쓸 수 있는 사람이 거의 없었던 고대에 필경사는 엘리트 계층이 종사하는 매우 존경받는 직업이었다.

중세 수도원의 필사

중세에 책의 제작과 보관은 수도원에서 담당했다. 수도원에는 필사를 전담하는 수도사들이 있어 '스크립토리움'이라는 장소에 모여 매일 양피지에 책을 베껴 썼다. 이들에게 필사는 신의 부름을 받아 하는 성스럽고 고귀한 임무였다. 표지에 색을 칠하는 '안료사', 장식 그림을 그려 넣는 '채식사', 원래 책과 필사한 책의 내용이 같은지 확인

14세기 스페인의 스크립토리움(산 로렌초 데 엘 에스코리알 수도원 도서관)

에히터나흐 수도원에서 평신도와 수도사가 함께 책을 만드는 모습(브레멘 대학도서관)

하는 '교정사', 글이 쓰인 양피지 한 장 한 장을 모아 한데 엮는 '제본사' 등이 함께 일하며 책을 만들었다. 책을 필사하는 것은 쉬운 일이 아니었다. 원본 문서를 알아보기 힘들 때도 있고, 페이지의 일부 또는 전체가 사라진 것도 있었다. 필경사들은 고문서를 해독하듯이 원본을 해석하고 사라진 부분을 보충해 완성본을 만들어야 했다.

사경과 사자관

중국에서도 필사는 일반적이었는데, 글씨체가 우아하고 멋있는 사람이 베긴 책은 비싸게 팔렸다. 진晉*나라는 '필사감'이라는 관청을 두고 서적을 필사했으며, 수나라 양제는 중국 전역의 도서 3만 7천여 권을 거두어 필사본을 만들었다.

우리나라 고려 시대에는 불교 경전을 베껴 쓰는 '사경'이 널리 퍼졌

* 중국을 처음 통일한 진시황의 진(秦)나라가 아닌 『삼국지연의』로 잘 알려진 중국 삼국 시대를 통일한 나라로 사마의의 손자인 사마염이 세웠다.

사자관 출신, 명필 한석봉

조선 중기의 문신이자 명필로 이름을 떨친 한호
(1543~1605, 호는 석봉)는 진사 시험에 합격한 후 사
자관으로 관직을 시작했다. 비록 과거의 최종 시험
까지 통과하지 못해 높은 벼슬에 오르지는 못했지
만 뛰어난 서예 솜씨로 중국에까지 이름을 날렸다.
명나라에서는 한석봉이 쓴 외교 문서를 보내라고
요청하기도 했으며, 명나라 사신이 오면 한석봉을
찾아 글을 받아 갔다.

한석봉의 천자문
(국립한글박물관)

다. 국가는 '사경원'이라는 관청에서, 사찰이나 귀족은 '사경소'를 열
어 불경을 필사했다. 승려 중에는 불경 필사를 전문으로 하는 '사경
승'이 있었으며, 일반인 중에는 필사를 직업으로 하는 '사경원'이 있
었다. 또한 국가의 문서를 만들고 서적의 출간을 담당하는 관청인 '비
서성'에는 나라에서 필요한 문서를 필사하고 교정하는 하급 관리가
있었다.

조선 시대에는 외교 문서, 정부의 공문서 등을 필사하는 '사자관'이
라는 하급 관리가 있었다. 기술직인 사자관은 대부분 중인 출신이었
지만 때로 양반 출신도 있었다. 필사를 직업으로 삼으려면 글을 읽고
쓰는 것은 물론, 자기가 베끼는 책의 내용도 이해할 수 있어야 했기에

공부를 많이 한 사람만이 필사를 제대로 할 수 있었다. 대량으로 인쇄해야 하는 경우가 아니라면 필사는 효과적인 방법이었다.

인쇄업의 발전

기록해야 하는 내용을 나무 판에 새겨서 찍어내는 목판 인쇄나 활자를 만들어서 배열한 후 찍어내는 활판 인쇄 등 인쇄술은 갈수록 발전해 갔다. 기술의 발전은 손으로 일일이 쓰던 사람들의 수고로움을 덜어주었지만, 기존에 글씨를 아름답게 쓰는 일을 직업으로 삼았던 이들의 반대에 부딪히기도 했다. 인쇄술의 발달로 인쇄 산업은 갈수록 성장했으며 기술을 이어받는 전문가들이 생겨났다.

근대 이전 서양의 인쇄

인쇄술이 등장하기까지

'인쇄'는 글과 그림을 대량으로 찍어내는 일이다. 12세기 이후 유럽에서 대학을 비롯한 각종 교육 기관이 늘어나면서 책의 수요가 증가했다. 또한 귀족이나 부유층이 개인 도서관을 만들고 각종 서적을 수집해 보관하는 것이 유행하면서 책이 많이 필요해졌다. 덩달아 수도원에서만이 아니라 직업으로 필사를 하는 사람도 늘어났다. 필사는 이제 성스러운 소명이 아닌 하나의 전문 직업이 되었다. 하지만 필사로 책을 만드는 데는 너무 많은 시간과 비용이 들었다. 다른 수단이 필요했다.

13세기 초, 중국으로부터 나무판에 글자를 새긴 다음 종이를 대고 찍는 '목판 인쇄술'이 유럽에 전해졌지만 널리 퍼지지는 못했다. 기존의 필경사와 책 제조업자 길드가 자신의 직업이 위태로워질까 인쇄 기술 도입에 반대했기 때문이었다. 목판 인쇄술은 처음에는 옷감에 무늬를 넣거나 게임에 사용하는 카드를 만드는 데 활용되었다. 금 세공업자는 다른 방식의 인쇄 기술을 사용하고 있었다. 그들은 작은 금속 조각에 자신을 나타내는 표시를 새긴 다음 귀금속 제품에 도장처럼 찍어 품질을 보증했다. 1440년대 독일의 금 세공업자인 요하네스 구텐베르크(1398?~1468)는 이러한 여러 인쇄 기술을 종합해서 대량으로 문서를 인쇄하는 방법을 개발하고 이를 유럽에 퍼트렸다.

구텐베르크의 인쇄술

구텐베르크 이전에도 인쇄 기술은 있었다. 구텐베르크는 그때까지 사용되던 인쇄 기술을 종합하고 아이디어를 더해, 좀 더 편리한 인쇄 방법을 고안해낸 것이다. 구텐베르크는 여러 금속을 가열해서 액체로 만든 다음 틀에 부어 알파벳 낱자를 만드는 방법, 그을음과 식물 기름을 섞은 인쇄용 잉크, 인쇄에 적합한 종이 등을 만들었다. 또한 포도주나 올리브 기름을 짜는 데 사용하는

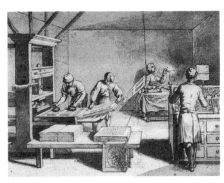

구텐베르크의 인쇄기를 사용하는 초기 인쇄소의 모습

처음 등장한 인쇄 방법은 '목판 인쇄'다. 한 페이지에 해당하는 글자를 오목하게 또는 볼록하게 나무판에 조각한 다음, 그 위에 먹이나 잉크를 바르고 종이나 비단을 덮어 눌러 글자를 찍어내는 방식이다.

낱자를 도장처럼 따로따로 새겨 두었다가 책이나 문서의 내용에 따라 배열한 다음 찍어내는 것을 '활판 인쇄' 혹은 '활자판 인쇄'라 한다. 한자는 글자 수가 수만 자에 달했기 때문에 글자 하나하나를 새겨 조합하는 것보다 아예 한 페이지(판)를 통째로 파는 것이 편했다. 반면 수십 개밖에 되지 않는 알파벳은 낱자를 따로 만든 다음 이를 조합해 문장을 만들어 인쇄하는 것이 편했다. '활자'는 영어로 'movable type'이라 하는데, '움직일 수 있는 글자'라는 뜻이다. 나무로 만들거나, 흙을 구워 도자기처럼 만든 활자도 잠시 사용했지만 쉽게 부서졌기에 활자는 주로 금속으로 만들었다.

압착기를 잉크가 묻은 활자판 위에 종이를 놓고 누르는 기계로 개량했다. 이 모든 방식을 적용해 쉽고 빠르게 대량 인쇄를 할 수 있는 기술이 구텐베르크의 인쇄술이다.

인쇄술의 확산

구텐베르크의 인쇄술이 상업적으로 활용되는 데는 10년 이상이 걸렸다. 1448년 구텐베르크가 인쇄소를 차린 독일의 마인츠에는 여러 지역의 인쇄업자가 모여들었고, 마인츠는 유럽 인쇄의 중심지가 되었다. 하지만 1462년 적대적이었던 나사우 대주교가 마인츠를 공격해 약탈했다. 인쇄업자들은 독일의 다른 지역이나 이탈리아, 스위스 등 유럽 전역으로 흩어졌다. 다른 지역에서 새롭게 자리 잡아 기반을 쌓은 인쇄업자들은 길드를 만들고 도제를 양성했다.

15세기 말에는 유럽의 60여 개 도시에 250여 개의 인쇄소가 생겨났으며 이전과는 비교할 수 없을 만큼 많은 책이 쏟아져 나왔다. 1440~1500년 인쇄된 책을 '초기 간행본'이라고 부르는데, 이때 3만여 종의 책 55만여 권이 세상에 나왔다. 비슷한 시기 이탈리아의 출판업자 베스파시아노(1421~1498)는 큰 부자 정치가인 '코시모 데 메디치'와 계약하고 필사로 책을 만들었는데, 55명의 전문 필경사를 고용해 꼬박 2년간 고작 200권의 책을 냈을 뿐이었다. 그만큼 인쇄술의 발전이 얼마나 책을 빨리, 많이 만들었는지를 확인할 수 있다.

조심하는 인쇄업자들

인쇄술이 퍼져나가면서 인쇄업을 직업으로 삼는 사람도 늘어났다. 하지만 인쇄술은 필경사와 서예가들의 자리를 위협했다. 이들은 인쇄술이 퍼지는 것을 적극적으로 막았다. 인쇄업자는 이들과 경쟁하면서 동시에 왕실이나 교회 등 권력층의 눈치도 보아야 했다. 혹시라도 권력자의 마음에 들지 않거나, 기존 권위에 도전하는 내용의 책을 인쇄했다가는 박해와 처벌을 받았기 때문이다. 그래서 인쇄업자들은 누구도 시비를 걸지 않을 성경이나 기도서, 기독교 신학책을 주로 인쇄했다.

인쇄물의 발전

옛날 책은 요즘 책처럼 제목을 정하고 겉표지를 만들지 않았다. 다만 책의 첫 부분을 붉은 잉크로 쓰고, 이를 '인시피트'라고 했다. 인시피트는 라틴어로 '이제 시작 it begins'라는 뜻으로 책 대부분은 이 인시피트가 제목이 되었다.

책을 인쇄할 수 있게 되면서 여백을 활용하고 멋지게 꾸미기 시작했다. 삽화가를 고용해서 내용에 어울리는 그림을 그려 넣고, 책의 글자를 꾸미는 전문가 '루브리케이터 rubricator'를 동원해서 멋지게 제목을 써넣고, 중요한 문자에 색을 칠하고 장식했다. 특히 이탈리아 베네치아의 인쇄업자는 '세상에서 제일 아름다운 책'을 만드는 것으로 유명했다.

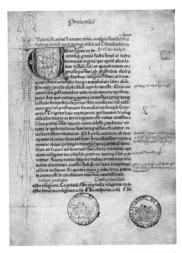

초기 인쇄판, 위 붉은 잉크로 인쇄된 두줄이 '인시피트'인데 이 책은 인시피트의 첫 두 단어를 따 '발레리우스 막시무스'라는 제목으로 알려졌다.

인쇄업의 후원자

초기 인쇄본은 필사본과 형태가 크게 다르지 않았다. 귀족이나 교회 고위 성직자는 서재에 필사본이 아닌 인쇄본 책을 두는 것을 부끄럽게 생각했기에 인쇄업자는 가능한 한 필사본과 차이가 나지 않는 인쇄본을 만들었다. 책 어디에서도 인쇄업자의 이름은 찾아볼 수 없었다. 하지만 시간이 흘러 점점 인쇄본이 늘어나고, 인쇄본 책을 찾는 사람이 많아지면서 인쇄업에 관심을 가진 유력 인사도 늘어났다.

구텐베르크는 마인츠에서 인쇄소를 운영할 때 부유한 상인과 귀족으로부터 도움을 받았다. 이탈리아의 메디치 가문은 마인츠의 인쇄업자를 초대해서 피렌체에서 책을 만들도록 지원했다. 프랑스의 왕 샤를 7세는 1458년 마인츠에 사람을 보내 인쇄술을 배워오도록 했다. 영국의 유명한 인쇄업자인 윌리엄 캑스턴(1422?~1491)은 자기가 만든 책과 후원자에 관해 자세한 기록을 남겼다. 이 기록에 따르면 대략 인쇄한 책의 30~60%가 후원자가 미리 주문한 것이었다.

책의 힘을 알게 된 귀족과 교회

일반 대중이 자기 나라말로 쓰인 책을 읽게 되면서 '글'이 대중의 생각에 영향을 미치게 되었다. 이를 깨달은 정치가와 교회의 고위 성직자 등 권력자들은 자신의 정치적 입장을 보호하기 위해, 또는 자기 생각을 세상에 알리기 위해 앞다투어 인쇄업자를 후원하기 시작했다. 또한 교회는 기독교 교리를 전파하기 위해 직접 인쇄소를 운영하기도 했다. 이탈리아 수비아코에는 교회가 장소를 제공하고 재정 지원과 법적 보호를 해주는 '산타 스콜라스티카'라는 교회 소속 인쇄소가 있었다.

후원자는 인쇄업 발전에 큰 도움을 주었다. 하지만 때로 까다로운 후원자는 인쇄소에 사람을 보내 인쇄할 책을 선정하고, 책의 내용이나 삽화까지 일일이 간섭했다. 인쇄본 책이 빠른 속도로 늘어나면서 필경사나 서예가는 더 이상 인쇄업자와 경쟁할 수 없었다. 인쇄업자는 표지 페이지를 자신만의 스타일로 독특하게 디자인하고, 책에 자기 이름을 넣었다. 인쇄업은 이제 새롭게 성장하는 산업이 되었다.

인쇄와 판매의 분리

초기의 인쇄업자는 대부분 문학에 관심이 많고 교육 수준이 높은 지식인들이었다. 이들은 책을 편집하고, 출판하고, 인쇄하고 판매하는 일을 모두 했다. 베네치아에서 큰 인쇄소를 운영하던 알두스 마누티우스(1449?~1515)는 그리스, 로마 고전을 연구하는 뛰어난 학자로 스스로 작품을 선정하고, 편집하고, 주석을

알두스 마누티우스

달고, 인쇄하여 출판했다. 영국의 윌리엄 캑스턴도 뛰어난 번역가로, 그가 만든 책 대부분은 라틴어 고전을 직접 영어로 번역한 것이었다. 또한 인쇄업자는 여러 도시를 돌아다니며 자기가 만든 책을 전시하고 판매하는 서적상 역할도 했다.

인쇄와 관련된 산업이 커지면서 인쇄와 서적 판매는 분리되기 시작했다. 인쇄업자는 한 도시에서 인쇄소를 열고 책을 출판하는 동시에, 영업사원을 고용해서 유럽 전역을 돌며 책을 팔았다.

사회 변화의 중심에 선 인쇄업자

16세기에 접어들면서 인쇄업자는 사회적으로 갈등을 빚는 내용도 겁내지 않고 출간했다. 이들이 만든 책은 종교 개혁과 전쟁 중에도

16세기 초 은으로
장정된 포켓북

이탈리아, 독일, 프랑스 등 유럽 전역으로 팔려나갔다. 1522년 마르틴 루터가 펴낸 독일어 성경은 이전의 가톨릭의 내용과는 다른 주장을 담고 있었고, 이것이 종교 개혁의 원동력이 되었다. 정부와 가톨릭교회는 새로운 주장과 사상을 억누르려 했지만 불가능했다. 누구나 작고 값싼 '포켓북'과 '팸플릿'으로 고전 작품을 읽고 새로운 사상을 접할 수 있었다.

이제 인쇄업은 사회의 변화를 끌어내는 아주 중요한 일이 되었다.

인쇄업자는 책에 제목을 달고, 페이지 번호를 붙였다. 정식 제목과 페이지 번호는 학자들이 연구할 때 어떤 책의 어느 부분을 참고했는지를 알려 주는 표시였고, 연구에 도움을 주는 중요한 도구였다. 화려한 장식을 뽐내는 책보다는 읽기 쉽고 싼 책이 퍼져나갔으며, 새롭게 교육에 눈을 뜬 중산층들은 이런 책을 반겼다.

전문화되는 인쇄업

16세기 이후 인쇄업은 점점 전문화되었다. 초기 인쇄업자는 활자의 글꼴을 디자인하고 틀에 녹인 금속을 부어 알파벳, 숫자, 기호 등을 직접 다 만들었다. 하지만 시간이 지나며 글꼴을 디자인하는 '글꼴 디자이너', 글꼴로 활자를 만드는 '활자 주조공'이 전문 직업으로 등장했다. 인쇄소도 종교 서적 전문, 학술 서적 전문, 정치 관련 서적을 전문으로 만드는 곳이 구분되기 시작했다. 정치나 종교 관련 서적을 주로 찍어내는 인쇄업자는 정치적, 종교적 갈등에 휘말리기도 했다.

박해받은 인쇄업자

정부와 교회는 자신들의 주장에 맞서는 생각을 퍼뜨리는 데 큰 역할을 하는 인쇄업자를 고운 눈으로 보지 않았다. 파리의 저명한 인쇄업자 '로베르 에티엔'은 읽기 편한 성경을 만들었다. 그런데 이것이 개신교의 입장을 지지한다고 본 가톨릭교회는 그를 이단으로 의심했다. 결국 그는 자신을 후원하던 왕 프랑수아 1세가 죽자 인쇄 도구를 가지고 스위스의 제네바로 도망가야 했다. 또 다른 프랑스의 인쇄업자 '에티엔 돌레'는 무신론자로 몰려 세 차례나 감옥에 갔고 결국 화형에 처해졌다. 개신교를 지지했던 영국의 에드워드 6세 때는 개신교 관련 책만 만들거나 수입할 수 있었다. 반대로 독실한 가톨릭 신자였던 메리 1세는 개신교 서적을 금지했다. 그 후 왕위를 물려받은 엘리자베스 여왕은 다시 가톨릭 서적을 금지했다. 책이 세상에 큰 영향을 미치는 만큼 인쇄업도 정치나 종교에 따라 크게 흔들렸다.

인쇄업의 한계

인쇄업자도 다른 출판업자와 마찬가지로 작가의 작품을 인쇄할 독점적 권리를 가지지 못했다. 그래서 한 인쇄업자가 인기 있는 책을 찍어내면 다른 인쇄업자가 바로 따라 했다. 이 때문에 경쟁이 심해져 사업 자체가 위기를 겪기도 했다. 15세기에는 유럽 전역에서 새로운 책을 소개하는 인쇄업자의 이주를 환영했지만, 16세기 이후 인쇄업자 길드는 다른 지역 출신의 인쇄업자가 들어오는 것을 막았다. 영국의 서적 출판업 조합은 외국 인쇄업자의 이주와 외국 서적의 수입을 금지하기도 했으며, 길드 소속이 아니면 인쇄 기술을 배울 수 없었다. 이런 폐쇄성이 인쇄업 발전 속도를 늦추었다.

중국의 인쇄

인쇄술의 선구인 도장과 탁본을 사용하다

중국에서 대략 7세기 무렵 인쇄술이 시작되었다고 본다. 물론 그 이전에도 종이에 글씨나 그림, 또는 표식을 찍는 방법이 있었다. 도장이 그것이다. 동양에서는 오래전부터 신분이나 자격을 증명하고 권위를 나타내는 도구로 도장을 사용했다. 도장은 돌이나 나무, 옥, 상아, 귀금속 등 딱딱한 재료의 표면에 사람 이름이나 관직명을 왼쪽과 오른쪽을 뒤집어 새긴 것이다. 도장에 먹을 묻혀 종이에 찍으면 글자가 찍혀 나왔다. 도장으로 글자를 찍는 원리는 인

진나라 시절(기원전 3세기) 사용된 고대 도장

쇄의 원리와 같았다. 도장을 인장印章 혹은 인감印鑑이라고도 부르는데, 이때 사용하는 '인'은 인쇄의 '인'과 같은 한자다.

화씨지벽과 전국옥새

춘추전국시대 초나라 사람 화씨가 어느 날 옥을 발견해 왕에게 바쳤다. 이 옥을 감정해 보니 평범한 돌이었다. 가짜 옥을 가져온 화씨는 왼쪽 발을 잘리는 형벌을 받았다. 왕이 죽고 다른 왕이 즉위하자 화씨는 또 옥을 바쳤지만, 이번에도 평범한 돌이라는 판정을 받고 벌로 오른발이 잘렸다. 세 번째 왕이 즉위하자 화씨는 옥을 품

대한제국 옥새

고 산에 가서 대성통곡을 했다. 이를 궁금하게 생각한 왕이 사람을 보내 이유를 묻자 "발이 잘려 슬픈 것이 아니라 귀한 옥을 알아보지 못한 것이 안타깝다"라고 말했다. 그러자 왕이 이를 다듬어 세상에서 찾기 어려운 진귀한 옥을 얻었고, 이 옥을 '화씨지벽(和氏之璧, 화씨의 옥)'이라 불렀다. 화씨지벽은 여러 왕의 손을 거쳐 마침내 중국을 통일한 진시황의 손에 들어갔다.

황제가 사용한 도장을 옥새, 혹은 어새라고 부르는데 진시황은 화씨지벽으로 옥새를 만들어 '하늘로부터 명을 받았으니 그 수명이 영원하리라'라는 뜻의 글귀를 새겼다. 이 옥새는 이후 1천여 년 이상 중국을 지배한 황제에게 전해졌다고 하며 이를 '전국옥새'라 한다. 소설 『삼국지연의』에는 '손견'이라는 장수가 낙양의 우물에서 전국옥새를 발견하고 이를 두고 싸우다 죽는 장면과 그 아들 손책이 전국옥새를 맡기고 군대를 빌려 가는 대목이 있다.

당시에는 유교나 도교 경전을 큰 돌로 만든 비석에 새겼다. 이런 비석 표면에 얇은 종이를 붙인 다음 먹으로 살살 두드리면 비석의 글씨와 그림이 그대로 찍혀 나왔는데, 이를 '탁본'이라 한다. 대부분 비석 글씨는 오목하게 새겼다(음각). 이것을 탁본하면 바탕은 검게, 글자는 희게 나온다. 6세기경에는 탁본을 전문적으로 하는 '탁서수'가 있었으며, 탁서수는 필경사나 염색공과 같은 장인으로 인정받았다.

목판 인쇄가 탄생하다

7~8세기 무렵에는 나무판에 글자를 새기고, 먹을 묻힌 다음 종이를 대고 찍는 '목판 인쇄'가 등장했다. 목판 인쇄를 하려면 평평한 나무판이 필요했다. 배나무, 대추나무, 가래나무, 사과나무 등 나뭇결이 매끄럽고 균일하며, 마른 다음에도 부피가 덜 줄어들고, 칼로 새기기 쉬운 나무를 널판으로 만든 다음 한 달 정도 물에 담가 두었다 꺼내 그늘에서 잘 말렸다. 글을 새기기 위해서는 먼저 얇은 종이에 글씨를 쓴 다음 왼쪽과 오른쪽을 뒤집어 나무판에 풀로 붙였다. 종이가 마르면 글자만 남기고 종이를 살살 벗겨낸 다음 칼로 글자를 제외한 나무판의 여백을 파내 글자가 위로 볼록하게 나오게 했다. 그 후 솔로 목판 위 글자에 먹을 칠하고 종이를 목판에 덮어 부드러운 솜이나 헝겊솔로 문질러 먹이 종이에 묻도록 했다.

목판 인쇄에 숙련된 장인은 하루 1천 5백~2천여 장을 찍었다고 한

목판으로 인쇄한 『금강반야바라밀경』

다. 목판 인쇄로 만든 책을 '각인본', 혹은 '각본'이라 한다. 중국에서 발견된 가장 오래된 각인본은 돈황 동굴에서 발견된 『금강반야바라밀경』으로 868년 인쇄한 것이다.

활자 인쇄가 등장하다

목판 인쇄는 인쇄하려는 책의 한 페이지를 그대로 나무판에 새긴 것이다. 11세기 무렵 송나라 때 '필승'은 진흙으로 한 글자씩 따로 만든 다음 불에 구워 단단하게 만든 '니활자'를 만들었고 12세기경 니활자로 인쇄한 불경도 발견되었다. 원나라 때인 13세기에는 '왕정'이 나무로 만든 목활자 6만 자를 만들었으며, 15세기 명나라 때는 구리와 주석, 납을 섞어 만든 동활자도 나타났다.

활자로 인쇄하려면 낱낱의 활자를 금속판에 고정해야 했다. 먼저 철로 된 판에 송진, 밀랍, 종이를 태운 재 등을 섞은 다음 그 위에 활자를 배열했다. 그 후 열을 가해 송진 등이 녹아 찐득찐득해지면 다른 철판으로 눌러 활자의 높이를 일정하게 했다. 철판을 채운 재료가 식어 활자가 단단하게 고정되면 먹을 칠하고 종이를 대고 인쇄했다. 활자로 인쇄한 책을 '활인본' 혹은 '활자본'이라 한다.

각인본이 성행하다

19세기 서양의 인쇄술이 도입되기 전까지 중국 인쇄의 주인공은 목판 인쇄였다. 활자 인쇄가 주인공이 되지 못한 이유의 하나는 문자 자체의 특징 때문이다. 중국과 우리나라, 일본 등 동아시아에서 사용하던 문자인 '한자'는 글자 하나하나가 뜻을 담고 있는 '뜻글자(표의문자)'로, 긴 문장을 쓰려면 수천 자가 필요했다. 게다가 한 문장이나

글과 그림의 기본 재료, 먹

동아시아권에서 글을 쓰거나 그림을 그릴 때 주로 사용하던 검은 물감이 '먹'이다. 춘추 전국 시대부터 소나무를 태우고 남은 그을음(송연)으로 먹을 만들기 시작했다. 한나라 이후에 먹 만드는 기술이 크게 발전했다. 귀한 먹을 만들 때는 무소뿔,

문방사우 중 먹과 붓, 벼루

진주, 약초 등을 섞기도 했다. 재료를 곱게 갈아 아교와 섞어 단단하게 만든 다음 단단한 돌로 만든 '벼루'에 물을 붓고 갈아 검은 액체로 만든다. 먹과 벼루, 그리고 글을 쓰는 붓과 종이를 합쳐 '글이나 그림을 그릴 때의 네 친구'라는 뜻으로 '문방사우(文房四友)'라 한다. 인쇄할 때도 먹을 간 물을 검은 잉크로 사용했다.

단락에 중복되는 글자도 여러 개라 책 한 권을 찍으려면 최소한 20여만 자의 활자가 필요했다. 실제 활자 인쇄를 위해서는 처음에 어마어마한 돈이 들어갔다. 반면 라틴어처럼 말소리를 기호로 나타내는 '소리글자(표음문자)'는 알파벳 대소문자, 숫자, 기호를 모두 합쳐 100여 개 활자로 충분했다.

또한 활자 인쇄는 한 번 인쇄가 끝난 다음에는 활자를 다 흩트려 보관하고, 다시 찍으려면 활자를 다시 배치해야 했다. 하지만 목판 인쇄는 한 페이지를 전부 새겨둔 목판을 보관하다가 필요할 때 꺼내 순서대로 인쇄하면 돼서 적은 양을 자주 찍기 편했다. 게다가 중국에서 인쇄할 때 사용하던 '먹'은 금속 활자의 표면에 잘 묻어나지 않는다는 단점도 있었다. 이런 이유로 당시 인쇄업자들은 활자보다는 주로 목판을 이용했다.

책 속의 그림, 삽화를 인쇄하다

책에 들어가는 삽화 인쇄 기술도 발전했다. 866년 최초의 각인본인 『금강반야바라밀경』에도 목판에 그림을 새겨 찍은 '목판화'가 있다. 10세기 무렵부터 책에 삽화가 본격적으로 등장했으며 명나라부터 청나라 시기에 성황을 이루었다.

명나라 때 '진홍수'는 인물, 산수, 화조 등 여러 그림에 두루 능한 화가였다. 그는 책에 삽화로 그린 인물화로도 유명했는데, 당시 카드 게

박고엽자의 하나, 주인공은 전국 시대
유명한 상인인 '백규'다.

임 '엽자희'에 사용하는 카드에『수호
지』의 주인공 40명을 인쇄한 '수호엽
자'와 성현, 위인, 유명인 48명을 인쇄
한 '박고엽자'는 큰 인기를 끌었다. 청
나라 때 발간된 대표적 소설『홍루몽』
에도 책 속에 남녀 주인공의 초상화가
등장하며, 흑백이 아닌 색깔을 입힌 다
색 인쇄도 활발했다.

통일 신라부터 조선 시대까지, 우리나라의 인쇄

세계에서 가장 오래된 인쇄본 책을 만들다

7~8세기 무렵 한반도에도 중국에서 목판 인쇄 기술이 전해졌으리라 짐작한다. 경주 불국사의 석가탑을 수리하던 중 발견된 『무구정광대다라니경』은 지금까지 발견된 것 중 가장 오래된 목판 인쇄본이다. 책에 관한 정보를 기록한 간기가 없어 정확한 시기를 알 수는 없지만 석가탑을 다시 고치고 탑 안에 여러 물건을 넣어둔 해가 751년이기

『무구정광대다라니경』

『무구정광대다라니경』을 둘러싼 논쟁

『무구정광대다라니경』이 언제, 어디서 인쇄되었는지를 둘러싼 몇 가지 논쟁이 있다. 우선 인쇄 시기는 751년 이전이라는 설이 주였으나 2007년 이후 발견된 증거를 기반으로 742년, 혹은 765년이라는 의견도 등장했다. 중국에서는 『무구정광대다라니경』에 중국의 특정 시기에만 쓰이던 한자가 있다는 점을 들어 중국에서 인쇄해서 신라에 전해졌다고 주장한다. 하지만 종이 재질이 우리나라에서 사용하던 것이고, 글자 모양이 당시 신라에서 사용하던 것이며, 중국에서 함부로 쓸 수 없는 중국 황제의 이름을 그냥 쓴 점을 보면 중국에서 인쇄되었다는 주장은 옳지 않다.

에 『무구정광대다라니경』은 이보다 이전에 인쇄되었을 것으로 본다.

고려, 인쇄를 국가에서 관리하다

인쇄는 국가에서 관리한 중요한 기술이었다. 중앙 정부는 '대장경'*과 같은 거대한 인쇄, 출판 사업을 담당했고, 유교 경전 등 꼭 필요한 책은 지방 관청에서 목판을 새겨 인쇄했다. 어떤 책을 어디서 인쇄할지는 중앙 정부에서 정했다. 각 지방 관청에서 목판 인쇄가 활발해지자 인쇄 기술을 가진 장인들도 늘어났으며 사찰과 개인도 이들

---

* 석가모니가 설법한 경전, 계율, 그 내용을 후세에 풀이한 논문, 해석서, 이론서 등을 모두 모두 망라한 경전

을 고용해서 필요한 책을 인쇄했다. 불교를 숭상한 고려에서는 특히 불경의 간행이 활발했다. 큰 사찰은 불교 경전, 훌륭한 승려의 전기, 불교 예식 등을 인쇄하고 출판했다(사찰판). 사찰은 산속에 있어 나무를 구하기 쉬웠으며, 승려 중에 종이 만드는 기술자, 책 엮는 기술자도 많았기에 인쇄와 출판에 유리했다. 세력이 큰 귀족이나 문장으로 이름을 날리는 학자는 자기 글이나 조상이 남긴 글을 인쇄하여 책으로 내기도 했다(사가판). 고려의 목판 인쇄는 그 수준이 매우 높았으며 11세기 초에는 책에 뛰어난 그림을 삽화로 넣기도 했다.

목판 인쇄의 걸작, 팔만대장경이 탄생하다

거란의 침입에 시달리던 고려는 부처의 힘을 빌려 적을 물리치고자 1011년부터 1087년까지 '초조(처음 만든)대장경'을 목판 인쇄로 책으로 만들었다. 하지만 이 초조대장경을 새긴 목판이 몽골의 침입으로 불타버리자 1236년 '대장도감'이라는 관청을 만들어 다시 대장경 목판을 새기기 시작했다.

목판은 산벚나무나 돌배나무를 여러 번 소금물에 담갔다가 말린 다음, 세로 24cm, 가로 68~78cm, 두께 약 2.7~3.5cm의 사각형으로 만들었는데 무게는 대략 3~3.5kg이었다. 목판 안에 가로 24.5cm, 세로 52cm의 사각형 영역을 두고 그 안에 글자를 새겼다. 한 면에 23줄, 줄마다 14자, 한 장에 736자가 들어갔다.

1251년 전부 81,137매의 목판에 약 5,980여만 자로 이루어진 대장경이 완성되었는데 이를 '재조(다시 만든)대장경' 혹은 '팔만대장경'이라 부른다. 팔만대장경은 어떤 대장경보다 수록한 경전의 범위가 넓고, 철저한 교정을 거쳐 내용이 정확하다. 현재도 원형 그대로 합천 해인사에 보존되어 있는데, 2007년 유네스코의 세계기록유산으로 등록되었다.

고려, 금속 활자를 활용해 책을 인쇄하다

고려의 종이와 먹은 품질이 좋아 중국에 수출했다. 불상이나 범종, 금속 세공품을 만드는 기술도 뛰어났기에 금속 활자를 주조하고, 인쇄할 수 있는 기반도 갖추어져 있었다. 이런 기술을 바탕으로 고려는 13세기 초에 금속 활자를 만들어 사용했다. 금속 활자를 이용해 인쇄한 책으로는 『남명천화상송증도가』, 『상정예문』, 『직지심체요절』을 들 수 있지만, 『남명천화상송증도가』와 『상정예문』은 인쇄본 자체는 없고 금속 활자로 인쇄했다는 기록이 남아 있다. 실물이 남아 있는 『직지심체요절』은 1377년 흥덕사에서 금속 활자로 인쇄한 것으로 현재 프랑스 국립도서관에 보관되어 있다. 『직지심체요절』은 지금까지 발견된 것 중 가장 오래된 금속 활자 인쇄본이다. 중국에서 금속 활자가 등장한 것은 15세기 무렵이며, 일본은 임진왜란 때 우리나라의 금속 활자를 처음 접했다.

조선, 인쇄와 출판을 국가에서 관리하다

조선 역시 인쇄와 출판을 국가에서 관리했다. 1403년 태종은 '주자소'라는 인쇄기관을 만들어 조선 최초의 금속 활자인 '계미자' 10만여 자를 만들었다. 세종 때는 '경자자', '갑인자', '병자자'를 만들었으며 이후에도 조선 왕조 내내 여러 번 금속 활자를 만들어 다양한 책을 인쇄했다. 이 중 '갑인자'는 장영실 등 당대 최고의 과학 기술자가 참여해서 최고의 기술로 만든 것이다. 갑인자는 글자체가 단정하고 정교했으며 활자를 늘어놓고 고정하는 조판 방식을 개선해서 인쇄 품질과 속도를 높인 명품이었다. 한글 활자도 만들어『석보상절』,『월인천강지곡』을 비롯해 많은 언해본 인쇄에 활용했다.

나무로 만든 목활자도 있었다. 목활자는 한번 인쇄하고 나면 다음에 다시 사용하기가 어려워 금속 활자만큼 널리 쓰이지 않았지만, 금속 활자에 비해 제작이 쉽고 비용이 적게 들어 조선 후기에는 민간에서 주로 사용했다.

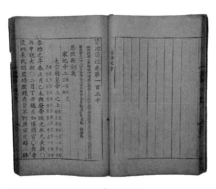

갑인자로 인쇄한 역사서『자치통감』

경국대전에 정해진 인쇄 기술자들

조선의 기본을 이루는 법전인 『경국대전』에는 조정에서 일하는 인쇄 관련 기술자의 종류와 하는 일, 인원수를 자세히 정해 두었다.

이름	역할	정원
각자장	나무에 글자 새기는 일을 하는 사람	14명
주장	주물 활자 등을 만드는 일을 하는 사람	14명
야장	금속을 다루는 대장장이	6명
균자장	활자를 배열할 때 글자 사이의 틈을 대나무 등으로 메워 고정하는 일을 하는 사람	40명
인출장	목판이나 활자에 먹을 묻히고 종이에 찍는 일을 하는 사람	20명
조각장	그림 등을 조각하는 사람	8명
목공	나무를 다루는 일을 하는 목수	2명
지장	종이를 만드는 일을 하는 사람	4명

그 외에도 활자에서 원고에 맞는 글자를 뽑는 '택자장', 택자장에게 원고를 읽어 주는 '창준', 활자를 보관하고 관리하는 '수장', 그리고 인쇄가 끝난 다음 제대로 되었는지를 최종 검사하는 '감인관' 등이 인쇄에 꼭 필요한 사람이었다.

좋은 대우를 받은 인쇄 기술자

인쇄 기술자는 좋은 대우를 받았다. 금속 활자를 만드는 주조 장인은 최고의 전문가로 인정받아 때로 다른 장인보다 더 많은 월급을 받았다. 왕은 새로운 활자를 만들거나 중요한 책을 인쇄한 다음에는 주자소에 상을 내리기도 했으며, 큰 공을 세운 주조 장인은 낮은 계급이지만 관직을 받고 천민 신분에서 해방될 수도 있었다.

하지만 잘못하면 엄한 벌을 받기도 했다. 감인관, 창준, 수장, 균자장은 잘못 인쇄된 글자 하나에 기본으로 곤장 30대를 맞았고, 이후 잘못된 글자가 나오면 한 글자에 한 대씩 처벌이 늘어났다. 또한 인출장은 희미하거나 반대로 너무 진하게 인쇄된 글자가 나오면 역시 곤장 30대를 맞았으며, 이후 잘못된 글자가 하나 늘 때마다 곤장도 한 대씩 늘었다. 인쇄의 최종 책임이 있는 관리는 다섯 글자 이상 잘못 인쇄되면 관직에서 쫓겨났다.

활자 제작과 활자 인쇄 과정

활자를 만들 때는 우선 종이에 쓴 글자를 나뭇조각에 붙여 새기고 손질해 '어미자'를 만든다. 어미자를 고운 모래를 채운 거푸집*에 찍으면 글자 모양의 공간이 생기는데, 여기에 녹인 쇳물을 부은 다음 식혀서 활자를 만든다. 때로는 밀랍에 글자를 새기고 황토와 모래 반죽 속에 묻어 거푸집을 만든 다음 쇳물을 거푸집 구멍에 붓는다. 높은 온

---

* 만들려는 물건 모양대로 속을 비우고 그 안에 쇳물을 녹여 부을 수 있게 만든 틀이다.

도의 쇳물로 밀랍은 녹아 없어지고 그 자리에 쇳물이 들어가 식어 금속 활자가 된다.

활자 인쇄를 할 때는 활자를 책 모양의 틀에 배열하고 움직이지 못하게 고정한다. 처음에는 틀 안에 밀랍을 부은 다음 뒷면을 뾰족하게 만든 활자를 꽂는 방법을 썼는데, 이 방법으로는 단단히 고정되지 않았고 활자의 높이를 일정하게 맞추기도 어려웠다. 갑인자는 활자 틀을 사각형으로 만든 다음 활자와 활자 사이의 틈에 잘게 자른 대나무 조각을 넣어 메우는 방법을 사용했다. 이 방법을 쓰면 활자를 단단히 고정하고 평평하게 만들기 쉬웠다. 그다음 활자 표면에 먹을 칠하고 그 위에 종이를 대고 눌러 인쇄했다.

갑인자가 나오기 이전에는 하루에 20여 장을 인쇄했고, 갑인자를 사용하면서 하루에 40여 장을 인쇄할 수 있었다. 활자를 만들 때 쓰는 원본 글자는 안평대군이나 강희안 같은 그 시대의 뛰어난 서예가들의 글씨체나 이전에 만들어진 책의 글씨체를 따랐다. 조선 후기로 가면 금속 활자를 이용해서 책뿐 아니라 관청의 문서를 인쇄하기도 했다. 민간에서도 직접 활자를 주조해서 문집, 족보, 경전과 의학서와 같은 기술 서적을 인쇄하기도 했다.

목판 인쇄를 대신할 수 없었던 활자 인쇄

우리나라는 세계 최초로 금속 활자를 이용하여 책을 인쇄했을 뿐 아니라 금속 활자 주조 기술과 인쇄 기술을 끊임없이 개량했다. 하지만 우리나라의 금속 활자 인쇄술은 구텐베르크의 인쇄술처럼 대량으로 책을 만들어 내거나 사회를 변화시킬 만큼 큰 영향을 끼치지는 못했다. 우리나라의 금속 활자는 많은 양의 책을 찍기 위한 것이 아니었다. 오히려 수요가 많은 책은 목판을 사용해서 인쇄했다. 한 번 찍기 위해 배열한 활자는 인쇄가 끝나면 분리해서 낱자의 형태로 보관했기에 다시 내용에 맞춰 배열하는 것은 번거로운 일이었다. 또한 목판보다 활자를 보관하기 어려웠다. 무엇보다도 일일이 손으로 먹을 칠하고 종이를 올리는 인쇄 과정은 목판 인쇄와 크게 다르지 않았고 인쇄 속도에도 큰 차이가 없었다.

　인쇄 기술자가 다른 장인에 비해 좋은 대우를 받긴 했지만, 사회적으로 기술자는 천시받았다. 무엇보다도 우리나라의 서적 시장은 인쇄 산업이 발전할 만큼 규모가 크지 않았다. 이런 이유로 서양식 인쇄술이 들어오기 전까지 활자 인쇄는 목판 인쇄를 대신하지 못했고, 목판 인쇄가 인쇄술의 큰 비중을 차지했다.

근대 이후의 인쇄

현대에 들어 종이뿐만 아니라 다양한 곳에 인쇄하는 기술이 발전했다. 인쇄 기계에 컴퓨터가 접목된 이후로는 작업이 디지털화되었으며, 전문가가 아니더라도 간단한 인쇄는 개인이 손쉽게 할 수 있게 되었다. 그러나 여전히 특수한 인쇄를 진행하거나, 원하는 색감이나 농도가 있는 경우 이를 정확히 맞춰 작업할 수 있는 전문 인쇄업자의 역할이 크다.

근대 이후 서양의 인쇄

국가가 인쇄업을 통제하고 감독하다

17~18세기 유럽 각국 정부는 인쇄업을 강력하게 통제했다. 또한 종교도 인쇄업에 영향을 미쳤다. 개신교 인쇄업자는 인쇄의 중심지였던 파리에 자리 잡을 수 없어 개신교 세력이 강한 오늘날의 벨기에, 네덜란드, 룩셈부르크 등 '저지대 국가'와 스위스 등지로 흩어져 자리 잡았다. 프랑스에 남은 인쇄업자는 정부의 강력한 통제로 발전하지 못했다. 하지만 이런 어려운 환경에서도 밀턴, 셰익스피어, 세르반테스와 같은 위대한 작가의 작품이 인쇄되어 세상의 빛을 보았다. 또한 영국, 프랑스, 독일, 네덜란드 등지에서는 초기 형태의 신문이 등장했다.

계몽주의와 혁명의 시대를 맞이하다

18세기에 들어서면서 몽테스키외, 볼테르, 루소 등의 철학자들은 인간의 기본적인 권리와 자유, 평등을 주장하면서 귀족과 같은 특권 계층의 문제점 등 사회 제도를 비판했다. 이들의 혁명적인 주장을 담은 책이 발간되면서 인쇄업계는 정치, 종교 갈등의 중심이 되었다. 특히 정치적 주장을 담은 신문과 팸플릿은 대중의 사상을 일깨우는 중요한 도구가 되었다. 신문 편집자이자 발행인의 대부분은 인쇄업을 겸했다.

유럽 대륙에 비해 영국은 왕의 권위로 인쇄업자를 엄격히 통제했으며 인쇄업자의 사회적 지위도 그리 높지 않았다. 영국이 신대륙에 세운 식민지(훗날의 미국)에서는 신문과 팸플릿이 대중에게 큰 영향을 미치자 인쇄업을 억압했다. 버지니아주 지사였던 버클리는 "우리에게 자유로운 학교와 인쇄소가 없다는 것에 감사한다. 나는 이후 300년간 이런 것들이 없기를 바란다"라고 했다. 이들은 인쇄소가 늘어 책과 신문, 팸플릿이 많이 출간되면 대중이 각성해서 정부의 명령을 고분고분 따르지 않을 것이라고 생각했다. 하지만 박해에도 불구하고 비밀리에 인쇄되는 신문과 팸플릿은 점점 늘어났고, 대중이 새로운 사상에 눈뜨는 것을 막을 수는 없었다.

편집과 인쇄가 분리되다

19세기가 되면 인쇄업 내부에서도 변화가 시작된다. 16세기에 인쇄업에서 서적 판매업이 떨어져 나왔듯이, 출판업과 인쇄업도 각기 다른 사업 영역으로 분리되었다. 어떤 내용을 어떤 형태로 인쇄할지는 출판인이 결정했고 인쇄업자는 주문에 따라 정해진 양을 찍어내는 역할을 담당했다.

인쇄업에서 빼놓을 수 없는 전문가는 활자 주조공과 식자공이었다. 초기의 인쇄업자는 대부분 보석 세공이나 금속 가공을 한 사람들이었기에 활자를 직접 제작할 수 있었다. 16세기 이후 활자를 만드는 활자 주조공은 독립된 직업으로 자리 잡았고, 이들은 능숙하게 활자를 디자인하고 제작했다. 처음에는 서예가가 쓴 멋진 서체를 본떠 활자를 만들다가 점차 읽기 쉽고, 인쇄에 두루 쓸 수 있는 활자 형태로 발전했다. 어떤 인쇄업자는 자기만의 독특한 글꼴을 만들어 책을 보면 누가 인쇄한 것인지 알 수 있었다. 프랑스의 활자 주조공 세바스티앙 트루셰는 활자 크기를 재는 단위인 '포인트'를 만들었는데, 포인트는 지금도 글자 크기의 단위로 사용된다.

식자공은 활자를 배열하는 일을 했다. 처음에는 식자공이 활자를 배열하고, 잉크를 묻혀서 종이를 누르는 일까지 했다. 나중에는 페이지 전체를 디자인하고, 활자를 배열해서 책의 꼴을 갖추는 일을 했다. 이들은 인쇄업 관련된 다른 전문가보다 더 좋은 대접을 받았다. 하지

활자와 식자

만 기술이 발전하면서 활자 주조공과 식자공의 역할은 줄어들었다. 19세기가 되면 볼록하거나 오목한 활자 대신 평평한 판에 잉크를 묻혀 인쇄하는 평판 인쇄술이 활자 인쇄를 대신했다. 20세기에 들어서면 사진이 활자를 대신하고 컴퓨터를 이용해서 식자했다. 예술 작품이나 소수의 특별한 활자체를 사용한 인쇄물 등에는 아직도 활자와 식자를 이용한다.

20세기 이후 인쇄업

기술이 발전하며 인쇄업도 변화했다. 인쇄업에 컴퓨터와 기계가 도입되면서 인쇄도 전문 영역이 되었다. 책을 작은 필름에 기록해 두었다가 필요할 때 꺼내 보는 마이크로필름과 잉크를 사용하거나 화학적 반응과 레이저를 이용해서 그림이나 문서를 찍어내는 인쇄기가 널리 보급되었다.

 출판된 책 전체나 일부를 허락받지 않고 복사하는 일도 많이 있었다. 특히 디지털 파일 형태 문서는 특별한 보호 장치가 없는 한 손쉽게 무한대로 복제할 수 있다. 이런 무단 복제는 작가, 출판사, 인쇄업자 모두에게 해로운 일이다. 20세기 이후 전 세계 어디서나 쉽게 책을 찾을 수 있으며, 나라마다 수많은 인쇄업자와 출판업자가 활동하고 있다.

근현대 중국의 인쇄

19세기 초, 서양식 인쇄술을 도입하다

19세기 초 중국에 서양 인쇄술이 도입되었다. 서양식 인쇄술을 들여온 사람은 주로 기독교 선교사들이었다. 이들은 한자를 활자로 주조하고 책을 인쇄했다. 1814년 영국 선교회 소속의 로버트 모리슨은 최초로 한자 성경을 펴냈다. 1850년에는 광저우에서 중국인이 15만자의 금속 활자를 주조했다는 기록이 있다. 19세기 말에는 석판인쇄가 도입되어 기독교 관련 문서 등을 인쇄했으며, 상하이의 '점석재서국'에서는 각종 서적과 잡지, 화보 등을 출간했다. 1897년 탄생한 '상무인서관'은 다양한 책을 인쇄, 출판하여 중국 최대의 인쇄소이자 출판사가 되었고 현재도 중국과 타이완에서 각각 활동하고 있다.

개혁 개방 정책 이후 크게 발전한 인쇄업

중화 인민 공화국은 출판과 인쇄를 엄격히 국가에서 통제하고 관리한다. 하지만 개혁, 개방 정책을 편 이후 중국의 인쇄업은 크게 발전했다. 특히 2010년 이후 매년 10% 이상씩 성장할 정도로 빠르게 발전하고 있으며 인쇄에 필요한 종이 생산, 인쇄 장비의 제작, 잉크의 수입도 많이 늘어났다. 또한 서적 인쇄뿐 아니라 각종 제품의 포장을 위한 인쇄 분야도 급속하게 발전하는 중이다.

서양식 인쇄술 도입 이후 우리나라의 인쇄

개화기, 서양 인쇄술이 도입되다

19세기 후반 서양식 인쇄술이 우리나라에 본격적으로 도입되었다. 서양 선교사들은 주로 성경 인쇄를 목적으로 일본이나 중국에서 한글 활자를 주조했다. 1881년 조선에 자리 잡은 일본 상인 단체에서 최초로 서양식 인쇄술을 사용해 단체 간행물을 펴냈다. 1882년 수신사로 일본을 돌아보고 온 박영효는 근대식 서적 인쇄 기구를 만들자고 고종에게 건의했다. 이듬해인 1883년 조선 정부는 최초의 근대식 인쇄소인 '박문국'을 만들었다. 박문국에서는 일본에서 서양식 인쇄기기와 활자를 수입해서 우리나라 최초의 신문『한성순보』를 발행했다. 이후 민간 인쇄업체도 여럿 생겨났다. 먼저 각 종교 단체가 인쇄소를 세웠다. 가톨릭은 '서울성서활판소', 개신교는 '배재학당 인쇄부', 천도교는 '보성사 인쇄소'를 운영했다. 특히 아펜젤러가 세운 근대식 학교 배재학당에 소속된 인쇄부는 종교 관련 서적 외에도 최초의 번역 소설인 『천로역정』*을 출간했으며 『독립신문』**을 인쇄했다. 또한 자체적으로 영문과 한글 활자를 주조해 인쇄에 사용했다. 배재학당은 1889년부터 인쇄술을 학교의 정식 과목으로 가르쳐 활판인쇄술 보급에 큰 역할을 했다. 1896년에는 국가에서 관영 인쇄소를 설립해 우표를 시험 인쇄했으며, 1901년에는 화폐를 만들던 '전환국'에 '인쇄과'를 신설했다. 인쇄과는 1904년에는 다시 탁지부*** 소속의 인쇄국으로 자리 잡고 우표, 어음, 수표용지, 채권, 주식, 은행권 등을 인쇄했다. 1900년대에는 민간에도 '광문사', '박문사', '보성사', '신문관', '보인관', '문아당 인쇄소' 등이 생겨났다. 이들은 당시 최신 기술인 석판, 사진판, 사진동판, 전기판 등 최신 인쇄 기술을 가지고 있었다. 일본인들이 연 인쇄소도 많았는데, 정부 인쇄소의 중요한 역할을 차지하는 동시에 큰 규모의 민간 인쇄소를 전국에 열었다.

---

*   17세기 영국 작가 존 번연의 종교소설로 주인공이 하늘나라에 이르기까지의 고난을 주제로 하고 있다. 원제는 'Pilgrim Progress'이다.
**   미국 유학을 마치고 귀국한 서재필이 국민 계몽의 목적으로 발간한 신문으로 우리나라 최초의 순한글, 민간 신문이다.
*** 대한제국의 정부 부서로 나라 살림과 돈에 관한 일을 총괄했다.

일제 강점기, 일본인이 담당한 인쇄업

일제 강점기의 인쇄업은 일본인이 주도했다. 조선인이 운영하는 인쇄소는 규모도 작고 기술과 경험도 부족했다. 1917년 기준으로 인쇄소 70개소 중 우리나라 사람 소유는 11개에 불과했다. 1919년 3월 1일 일제 강점기의 조선인들이 국권피탈의 무효와 한국 독립을 선언하고 비폭력 만세 운동을 벌였다. 당시 3·1 만세 운동을 주도한 민족 대표 33인 중 한 사람인 '이종일'은 자신이 운영하던 인쇄소 '보성사'에서 '기미독립선언문' 3만 5천부를 인쇄해서 퍼트렸다. 이종일을 비롯한 인쇄 기술자들은 일본 경찰에 체포되어 옥살이했다. 이후 조선인이 운영하는 인쇄소는 모두 총독부에 등록해야 했고, 경찰의 감시와 박해를 받았다. 또한 인쇄 일감은 모두 일본인 인쇄소에 주어져 경영에 어려움을 겪었다.

3·1운동에 놀란 일제는 압박을 조금 누그러트려 신문 발행을 허가해 주었다. 조선인이 경영하는 규모가 큰 인쇄소도 생겨났지만, 인쇄업은 여전히 일본인이 차지하고 있었다. 1923년 일본인 '가와우치'가 세운 '조선서적주식회사'는 총독부 인쇄 공장을 인도받아 교과서, 공문서, 달력 등을 독점 인쇄해 엄청난 돈을 벌었다. 조선서적주식회사와 일본인 고스기 등이 1919년 세운 '조선인쇄주식회사'는 당시 가장 큰 인쇄소였다. 이 인쇄소들은 조선인 인쇄소보다 규모가 크고 기술도 최신식이었다.

전시 동원 체제

1937년 일본이 중국을 침략한 중일전쟁이 시작되면서 일제는 우리나라의 사람과 물자를 전쟁에 동원했다. 이를 전시 동원 체제라고 한다. 일본은 이 시기에 학교에서 가르치는 과목에서 조선어를 없애고, 사람들의 이름을 일본식으로 바꾸도록 압박했고, 우리말을 사용하지 못하게 했다. 우리 글로 된 인쇄물은 자취를 감추었으며, 젊고 건강한 사람들이 전쟁에 동원되느라 인쇄 기술을 가진 사람이 부족해졌고, 인쇄용지, 인쇄용 잉크 등 재료도 부족해지면서 인쇄업은 거의 망해갔다.

해방과 전쟁을 겪다

1945년 독립을 쟁취하고 1948년 대한민국 정부가 수립되었지만 바로 6·25 전쟁의 참화를 겪으며 인쇄소와 기계 등이 대부분 파괴되었다. 몇몇 인쇄업자는 전쟁을 피해 인쇄 기계를 대구나 부산으로 가져가 사업을 계속했다. 이들은 국방부나 유엔군 사령부에서 필요한 간행물, 담뱃갑과 포장지 등을 인쇄했다. 기계를 무사히 옮긴 인쇄소는 일거리가 넘쳐나 큰돈을 벌었다. 인쇄업자들은 전쟁이 끝난 후 파괴된 시설을 복구하고 새로운 기계를 들여왔다. 이전까지의 활판 인쇄를 벗어난 새로운 인쇄 방법이 본격적으로 들어오기 시작했다.

1950년대 후반부터 각종 인쇄물을 전시하는 행사를 열기 시작했고, 1960년대 이후에는 국제 교류도 활발해져 외국의 인쇄업 동향을 살피고 최신 기술도 배워왔다. 1970년대를 지나며 우리의 기술도 발전해 외국에 한국의 인쇄물을 수출하기 시작했으며, 80년대가 되면 인쇄물의 수출이 전 세계로 확대되었다. 1997년에는 외국인도 우리나라에서 인쇄업을 할 수 있도록 인쇄업을 전면 개방했다.

컴퓨터의 도입

1980년대 이후 인쇄에 컴퓨터를 본격적으로 사용하기 시작했다. 글자를 골라 배열해서 페이지를 구성하는 일은 컴퓨터로 대신했으며, 각종 컴퓨터용 글꼴(폰트)개발, 인쇄용지와 잉크의 품질도 향상되었다. 컴퓨터 파일을 인쇄기에 연결하면 바로 인쇄되는 자동화 시스템도 갖춰졌다. 또한 종이뿐 아니라 각종 포장재료, 제품의 표면 등에 직접 인쇄하는 기술도 발전했다. 인쇄 기기가 자동화되고 다루기 쉬워져 누구나 간단한 교육만 받으면 인쇄소를 차릴 수 있으며, 개인용 컴퓨터와 프린터의 성능 향상으로 작은 양의 인쇄물이나 사진을 개인이 직접 인쇄할 수 있다. 컴퓨터나 모바일 기기의 화면으로 책이나 문서를 보여주는 전자책도 널리 보급되어 이제는 인쇄하지 않고도 원하는 글을 출판할 수 있다.

문자나 그림을 대량으로 기록하는 인쇄업자

인류가 문자를 처음 발명하면서 사람들은 책이나 문서의 내용을 손으로 일일이 기록했다. 인쇄술의 발전은 이 과정을 더 쉽고, 빠르게 만들었다. 처음에는 나무판에 내용 전체를 새긴 다음 이 위에 종이를 눌러 찍는 목판 인쇄가 등장했고, 이후 글자 하나하나를 작은 도장처럼 만든 활자를 이용해서 인쇄했다. 인쇄물을 통해 종교와 정치의 새로운 사상이 퍼져나갔기에 인쇄업자는 정부와 교회의 감독을 받고, 때로는 갈등 속에서 박해받았던 반면에, 종교와 사상의 자유, 인간의 권리, 민주주의 같은 혁명적인 변화를 이끄는 주인공이 되기도 했다.

초기 인쇄업자는 출판, 편집, 서적상 역할을 모두 했지만, 인쇄업이 커지고 발전하면서 차차 책 판매업이 따로 떨어져 나갔고, 나중에는 출판업이 분리되어 19세기 이후에는 내용과 관계없이 문서를 인쇄하는 일을 주로 했다. 20세기 이후 인쇄에 컴퓨터가 도입되면서 인쇄 기술은 크게 변화했다. 이제는 종이보다 컴퓨터 화면의 전자 문서가 더 익숙한 세상이 되었다. 하지만 정보와 지식을 널리 전달하여 사람들의 생각에 영향을 미치는 인쇄업의 본질은 이전과 다르지 않다.

오늘날과 미래의
인쇄업자

'물과 공기가 아닌 모든 것에 인쇄할 수 있다'라고 하는 오늘날, 인쇄업자는 어떻게 일하고 있을까? 앞으로는 물이나 공기에도 인쇄할 수 있는 시대가 올지도 모른다. 변화하는 시대에 발맞춰 전통적인 인쇄 작업 외에도 인쇄를 접목할 수 있는 새로운 기술에 집중해야 할 때다.

오늘날의 인쇄업

무엇에든 인쇄할 수 있다

인쇄 산업을 지원하고 인쇄 기술의 발전을 지원하기 위해 만든 '인쇄산업진흥법'에서는 '인쇄'를 '인쇄기 또는 컴퓨터 등 전자 장비를 사용하여 문자, 사진, 그림 등의 정보를 종이, 천, 합성수지, 또는 전자적 매체에 실어 복제, 생산'하는 것으로 정의한다.

인쇄는 인쇄기로 종이에 글자를 찍는 것만이 아니라 컴퓨터 등 전자 기기로 종이가 아닌 다양한 재료 위에 무엇이든 원하는 내용을 담는 것이다. 그래서 이제는 '물과 공기가 아닌 모든 것에 인쇄할 수 있다'라고 말한다. 인쇄 방법도 다양하다.

인쇄의 종류

대한인쇄문화협회에서 소개하고 있는 인쇄 방법만 해도 18가지에 달하는데, 그중에서도 통계청에서 국가통계의 기준으로 삼는 경인쇄, 오프셋인쇄, 스크린인쇄, 기타인쇄가 있다.

'경인쇄'는 마스터 인쇄라고도 하는데 한 가지 색이나 두 가지 색으로 적은 양의 인쇄물을 빠르고 값싸게 인쇄한다. 수천 장을 한 시간 이내에 인쇄할 수 있지만 컬러 인쇄라든지 고품질 인쇄, 대량 인쇄에는 어울리지 않는다. 동네 작은 문방구나 서점 등에서 '복사/마스터 인쇄'라는 간판을 심심치 않게 찾아볼 수 있다.

'오프셋 인쇄'는 금속 인쇄판에 칠해진 잉크를 고무 롤러를 통해 종이에 묻히는 인쇄 방식으로 책, 달력, 잡지 등 많은 양을 인쇄하거나 컬러로 인쇄할 때 널리 사용한다.

'스크린인쇄'는 틀에 천이나 기타 재질로 된 막(스크린)을 걸고 잉크를 스크린의 작은 틈 사이로 통과시켜 인쇄하는 방법으로 평면뿐 아니라 병이나 컵 등 둥근 표면에도 인쇄할 수 있다.

'기타인쇄'로는 컴퓨터가 널리 보급되고 발전하면서 디지털 이미지를 그대로 인쇄하는 디지털인쇄, 금속을 얇게 눌러 책의 표지나 제목에 금색, 은색 글자를 넣어 인쇄물을 아름답게 장식하는 금박인쇄, 손목시계의 글자판이나 연필 등 작은 문구류의 표면에 인쇄하는 패드인쇄, 명함이나 카드 등에 주로 사용하는 인쇄와 동시에 인쇄된 표면이 볼록하게 도드라지는 돋움인쇄, 치약, 화장품, 접착제 등 플라스틱이나 금속 튜브의 표면에 인쇄하는 튜브인쇄 등 여러 재료를 사용한 다양한 인쇄 방법이 있다.

인쇄업 종사자의 자질

인쇄업 종사자는 지루한 기계 조작을 반복해야 한다. 자칫 한눈을 팔거나 조작을 잘못하면 많은 양의 인쇄물을 버려야 하는 일도 생긴다. 오랫동안 작업에 집중할 수 있는 능력과 인내심이 꼭 필요하다. 기계나 컴퓨터 조작에 흥미가 있고 능숙한 사람이 유리하며 인쇄물을 멋지게 디자인할 수 있는 예술적 감성이 있으면 좋다. 또한 출판사와 편집자, 홍보 담당자, 상품 판매원 등 인쇄물이 필요한 다양한 사람과 접촉해야 하기에 커뮤니케이션 능력도 필요하다.

우리나라 인쇄 산업의 현재

2019년을 기준으로 인쇄업 자체는 크게 변화하지 않고 있다. 하지만 전통적인 경인쇄와 오프셋인쇄는 점점 줄어들고 대신 디지털인쇄와 특수 인쇄가 점점 늘고 있다. 한 번에 많은 양을 인쇄하기보다는 다양한 인쇄물을 소량 인쇄하기 때문이다.

디지털인쇄 초기에는 기술이 온전하지 않아 인쇄 품질이 낮았고, 널리 쓰이지 않았다. 하지만 최근 기술 발전으로 인쇄의 모든 분야로 확대되어 매년 인쇄업에서 차지하는 몫이 늘어나고 있다. 2016년 전체 인쇄 중 디지털인쇄가 차지하는 비율은 7%였으나 2020년에는 16%로 늘었으며, 앞으로 디지털인쇄는 더 빠르게 성장할 것으로 예상된다.

밝지만은 않은 현실

우리나라의 인쇄 산업은 최근 5년간 계속 조금씩 줄고 있다. 2015년에 19,058개였던 인쇄 및 인쇄 관련 사업체의 숫자가 2019년에는 17,496개로 줄었으며, 인쇄 및 인쇄 관련 사업체에서 일하는 사람은 2013년 8만 6천여 명에서 2019년 7만 4천여 명으로 줄었다. 인쇄업 종사자의 평균 연령은 2013년 44세에서 2019년 48세로 늘어났는데, 젊은 사람들이 인쇄업을 떠나기 때문이다. 게다가 2020년 이후 코로나19의 유행으로 우리나라뿐 아니라 전 세계 인쇄업이 큰 타격을 받았다. 사람들이 외부와 접촉을 줄이며 각종 행사, 전시회, 축제 등이 줄었으며 이에 따라 자연스럽게 홍보 책자, 안내문 등 인쇄물이 줄어들어 2019년에 비해 전 세계적으로 홍보물 등 상업 인쇄는 14%, 서적 등 출판인쇄는 17.1%, 상품 포장 인쇄는 3.1% 줄어들었다. 우리나라도 코로나19 유행으로 타격을 받은 데다가 광고 인쇄물 대신 온라인 홍보를 대신하고, 인쇄 수요가 줄면서 경쟁이 치열해져 인쇄업체는 어려움을 겪고 있다.

미래의 인쇄업

소량 고객 맞춤형 인쇄

인쇄 산업은 크게 변화하고 있다. 무엇보다도 과거에는 같은 내용의 책을 빨리, 많이 찍어내는 것이 중요했다. 하지만 점차 고객이 원하는 것이 다양해지고, 인쇄 기술이 발전하면서 적은 수라도 고객의 취향에 딱 맞도록 인쇄하는 것이 중요해졌다. 단 한 권의 책이라도 인쇄해주는 곳이 많아졌으며 고객이 원하는 디자인을 보내주면 그대로 제작해주는 곳도 생겼다. 책 뿐만 아니라 가전제품의 표면이나 실내 장식을 위한 건축 용품, 각종 옷감 등 다양한 재료에, 고객이 원하는 스타일로 소량 인쇄하는 일이 점점 늘어날 것이다.

QR코드(왼쪽)와 바코드(오른쪽)

특수 인쇄

특수 인쇄도 갈수록 발전하고 있다. 대표적으로 상품을 포장하는 특수 인쇄가 늘고 있다. 특히 상품마다 필수 정보를 담고 있는 QR코드나 바코드를 인쇄하고 있으며, 온도에 따라 색이 변하는 인쇄 기술, 포장된 부분을 두드러지게 해서 눈길을 끌거나 좋은 냄새가 나는 재료를 섞어 상품 포장에서 사용하는 기술도 발전하고 있다.

보안 분야에도 특수 인쇄가 쓰이고 있다. 지폐나 유가 증권 등을 위조하거나 변경하기 어렵게 홀로그램을 넣거나 위치에 따라 표시된 내용이 바뀌게 하거나 인쇄할 때 특별한 표시를 찍는다.

친환경 인쇄

2010년대 이후 인쇄에 사용하는 화학물질 중 사람에게 해를 끼치거나 환경을 파괴하는 물질을 사용하는 대신 콩기름이나 옥수수 전분 같은 친환경 재료로 바꾸는 것은 이미 전 세계적인 관심사로 자리 잡았다. 비용이 더 들더라도 인쇄물을 생산하는 사람이나 인쇄물을 소유하고 소비하는 사람의 건강과 안전을 지켜야 하기에 인쇄업체와 인쇄업 종사자도 이에 적극적으로 대응하는 중이다.

어떻게 인쇄업자가 될 수 있나요?

인쇄업체에 취직하기

우리나라의 인쇄업체는 규모가 작은 편이다. 2019년을 기준으로 전체 인쇄업계의 93%인 16,304개의 업체가 10인 이하의 작은 사업체이다. 직원이 100명이 넘는 인쇄업체는 26개에 불과하다.

인쇄업체에 취업하는 데 특별한 자격 제한은 없고, 업계의 규모가 크지 않아 새로운 직원을 채용할 때도 알음알음 추천을 받는 경우가 많다. 우리가 사용하는 지폐인 한국 은행권이나 동전, 국채, 공채 등 각종 유가 증권 등을 만드는 공기업인 한국조폐공사에서는 인쇄 관련 전문 자격을 가진 사람을 공개 채용한다. 정규직, 기간제, 계약직, 채용형 인턴 등 다양한 취업 기회가 있다(https://www.komsco.com/kor/88/recruitment).

나의 사업체 차리기

디지털인쇄 기술의 발전으로 컴퓨터와 디지털인쇄기기, 인쇄물을 자르는 재단기, 낱장으로 되어 있는 원고 따위를 한 권의 책으로 만드는 제본기 등을 갖추고 자기만의 인쇄소를 차릴 수도 있다. 게다가 이전과는 다르게 인쇄 기술을 배우는 데 많은 시간이 들지 않기에 20대 젊은이들이 자신만의 아이디어로 독특한 개성을 가진 인쇄물을 만드는 인쇄소를 창업하는 일도 늘고 있다. 운영하는 사람의 역량과 노력에 따라 작은 인쇄소가 크게 성장할 수도 있다.

인쇄업 관련 자격증

인쇄 관련 자격증 중 대표적인 것은 '인쇄기능사', '디지털인쇄산업기사', '인쇄설계기사'이다. 모두 한국산업인력공단에서 시행하는 필기 및 실기 시험을 치러 합격해야 자격이 주어진다.

'인쇄기능사'가 되는 데 특별한 자격 조건은 없으며, 1년에 4차례 필기시험과 실기 시험으로 잉크와 인쇄 기계를 사용해서 인쇄물을 제작하는 능력을 평가한다. 산업수요 맞춤형 고등학교 및 특성화 고등학교에서 인쇄 관련 공부를 한 사람은 필기시험이 면제된다.

기초 이론을 배웠거나 숙련 기능을 가진 사람은 '디지털인쇄산업기사' 자격에 도전할 수 있다. 기능사 자격 취득 후 실무 경력이 1년 이상 되었거나, 대학이나 전문대학에서 인쇄 관련 학과를 졸업했거나, 인쇄 실무 경력이 2년 이상 된 사람이 시험에 응시할 수 있다.

더욱 전문적인 지식과 경험을 쌓아 기술 업무를 담당할 수 있는 자격이 '인쇄설계기사'이다. 디지털인쇄산업기사 자격을 갖추고 실무경력 1년 이상, 인쇄기능사 자격을 갖추고 실무경력 3년 이상이 되었거나, 대학에서 관련 학과를 전공한 사람이 응시할 수 있다. 또한 2년제 전문대 관련 학과를 졸업하고 실무 경력 2년, 3년제 전문대 관련 학과를 졸업하고 실무 경력 1년이 넘은 사람이나, 인쇄업계에서 4년이상 일한 사람도 시험을 치를 수 있다.

그 외에도 문자, 그림, 사진 등으로 인쇄하기 위한 제판용 필름을제작하는 '사진제판기능사', 컴퓨터를 이용하여 출판물을 조판, 편집,제작하는 '전자출판기능사', 옥외 간판이나 광고물, 표지판, 게시판을제작하는 전문 기술을 가진 '광고도장기능사'도 인쇄 관련 자격이다.국가기관이나 단체에 취업하기 위해서는 자격증이 꼭 필요하지만,민간 인쇄업체에서는 자격증 보다는 경력을 더 중요하게 생각한다.

· 교과연계 내용 ·

과목 · 과정	초등학교
5학년 국어	아는 것과 새롭게 안 것 / 여러 가지 방법으로 읽어요 / 지식이나 경험을 활용해요
5학년 사회	옛사람의 삶과 문화 / 사회의 새로운 변화와 오늘날의 우리
5학년 실과	나의 진로
6학년 사회	우리나라의 경제 발전 / 세계 여러 나라의 자연과 문화

과목 · 과정	중학교
역사1	문명의 발생과 고대 세계의 형성 / 지역 세계의 교류와 변화 / 제국주의 침략과 국민 국가 건설 운동 / 세계 대전과 사회 변동 / 현대 세계의 전개와 과제
역사2	선사 문화와 고대 국가의 형성 / 남북국 시대의 전개 / 고려의 성립과 변천 / 조선의 성립과 발전 / 조선 사회의 변동 / 근·현대 사회의 전개
진로와 직업	일과 직업 세계의 이해 / 진로 탐색 / 진로 디자인과 준비

과목 · 과정	고등학교
세계사	인류의 출현과 문명의 발생 / 동아시아 지역의 역사 / 서아시아 · 인도지역의 역사 / 유럽 아메리카 지역의 역사 / 제국주의와 두 차례 세계 대전 / 현대 세계의 변화
동아시아사	동아시아 역사의 시작 / 동아시아 세계의 성립과 변화 / 동아시아의 사회 변동과 문화 교류 / 동아시아의 근대화 운동과 반제국주의 민족 운동 / 오늘날의 동아시아
생활과 윤리	사회와 윤리 / 문화와 윤리
한국사	전근대 한국사의 이해 / 근대 국민 국가 수립 운동 / 일제 식민지 지배와 민족 운동의 전개 / 대한민국의 발전
진로와 직업	일과 직업 세계의 이해 / 진로 탐색 / 진로 디자인과 준비

미래를 여는 경이로운 직업의 역사

널리 알리는 직업 Ⅰ | 작가·출판 관련 직업

초판 1쇄 발행 2023년 4월 28일
　　2쇄 발행 2023년 10월 25일

지은이	박민규
펴낸이	박유상
펴낸곳	빈빈책방(주)
편집	배혜진 · 정민주
디자인	기민주
일러스트	김영혜

등록	제2021-000186호
주소	경기도 고양시 덕양구 중앙로 439 서정프라자 401호
전화	031-8073-9773
팩스	031-8073-9774
이메일	binbinbooks@daum.net
페이스북	/binbinbooks
네이버 블로그	/binbinbooks
인스타그램	@binbinbooks

ISBN 979-11-90105-54-5 (44190)